JN082787

謎解きと
コミュニケーション

～語用論から西欧の知を考える～

山本 英一 著

関西大学出版部

【本書は関西大学研究成果出版補助金規程による刊行】

はじめに

　2021年度の秋学期（2021年9月21日から2022年3月31日の期間）、はじめて学術研究員として研究に専念できる時間をいただいた。わかりやすくサバティカルと呼ばせてもらうが、教員になって40年の節目の年にこのような機会を得たことは感無量でもあった。海外で半年のサバティカルを有意義に使おうと意気揚々としていた。実は、当初の計画では、2020年度の秋学期のはずであったが、年明け早々に世界中に広まったコロナ禍で出鼻を挫かれた。1年の延期を認めてもらい、目的地もニュージーランド・オークランド大学から、リトアニア・ビリニュス応用科学大学へと変更して、満を持して現地での研究活動に備えていた。ところが、コロナ感染症はもっと大きな波となって、容赦なく世界各地を襲った。状況は悪化するばかりである。様子眺めをしているうちに、リトアニアをはじめ、ヨーロッパ各地への渡航は厳しくなってしまったのである。

　結局、海外でのサバティカルは断念せざるを得なくなった。ただ、どこであれ、研究に専念できることは本当にありがたかった。人生を通して、これほど研究に時間を割くことができたのは、恥ずかしい話ではあるが、大学院生の時代を除いて皆無であった。他の仕事を気にすることなく、心静かに思索に耽ることが、研究者にとっていかに大切なことであるか。サバティカルは、研究者にとって当たり前のことを教え直してくれた気がする。

　そのようなわけで、海外から国内へと変更した研究活動では、他大学での研究プロジェクトの打合せのほかに、各地で資料収集も精力的に行なった。私の専門分野は、語用論（言語実用論）で、主に言外の意味が生成・理解されるプロセスに関心がある。さまざまなコミュニケーション活動を観察し、そのプロセスの背景にある原理・原則を明らかにするのが仕事である。2019年には、関西大学出版部より『ウソと欺瞞のレトリック』を上梓したが、今

回はその続編でもある。前者は、ウソと欺瞞といった、正常なコミュニケーションから逸脱する事例に焦点を当て、そこでの言外の意味の役割を考察した。一方、今回は、私たちの推論能力が一つの結論（解釈）へと導く背景にある（本書では、サイレント・ナラティブと呼ぶ）要因に着目しつつ、「謎解き」をキーワードとして、従来の語用論には現れない議論を展開した。また、私たちが当たり前のごとく接している西欧を起源とする学問の背後には、日本人にとっては受け入れ難い思想があって、それが新しい視点からの議論の大きな妨げになっていることにも言及した。これを前半と後半に分けて、第Ⅰ部はコミュニケーションのメカニズムを説明するための「謎解き」、第Ⅱ部はコミュニケーションのシステム解明の背景思想の「謎解き」とした。いずれも試論ではあるが、日本における言語研究の展開に、ささやかではあるが貢献できることを期待している。

　サバティカルが終了（2022年3月）し、本書を脱稿する（2022年9月）までの間に、パンデミックに関わる世界情勢は大きく変化した。日本では、これまでにない感染者数の増大（第7波）を経験する中、世界各地はほぼ日常を取り戻しつつある。海外に出られなかった私にとっては、たいへん皮肉なことに、この半年間の渡航制限緩和のおかげで、すでにアメリカ（デンバー・ポートランド）をはじめ、ヨーロッパ諸国にも足を伸ばすことができるようになった。この状況が「もう半年早ければ」という無念さは残るが、学術研究員として研究に専念できる貴重な機会を与えていただいたからこそ、本書をまとめることができた。関西大学に対して、改めて感謝の気持ちを申し述べたい。

2022年9月3日　滞在先のエジンバラにて

目　　次

はじめに……………………………………………………………………………………… i

第 I 部　謎解きのコミュニケーション

第 1 章　謎解きとしてのコミュニケーション………………………………… 3
第 2 章　謎解きと推論
　　　　　〜アブダクション、ヒューリスティック、エンテュメーマ〜… 23
第 3 章　フィクション（虚構）のはたらき
　　　　　〜推論の原動力を求めて〜………………………………………… 47
第 4 章　サイレント・ナラティブとは
　　　　　〜その学問的意義を考える〜……………………………………… 77
第 5 章　ナラティブから見直すポライトネス…………………………… 93

第 II 部　理論の謎を解く

第 6 章　一つの解への執着　〜西欧思想の呪縛〜………………………… 107
第 7 章　呪縛からの解放（試論）…………………………………………… 125
第 8 章　結びにかえて………………………………………………………… 149

参考文献………………………………………………………………………… 155
索引……………………………………………………………………………… 159
初出一覧………………………………………………………………………… 164

第Ⅰ部　謎解きのコミュニケーション

第1章　謎解きとしてのコミュニケーション

議論のための道具立て

　誰もが知っている有名なスピーチから話を始めよう。Apple 社を創業した Steve Jobs 氏のスタンフォード大学・卒業式（2005 年）の演説である。その一節に、次のようなくだりがある。

(1)　Your time is limited, so don't waste it living someone else's life. Don't be trapped by dogma — which is living with the results of other people's thinking.

　スピーチ後半で「死」について彼が語る部分である。時間は限られているのだから、本当に自分がやりたいことをやりなさいというメッセージで、そこには、「ドグマ、つまり他人が考えたことの結果を生きるという罠にかかってはならない」とある。

　さて、ドグマとは、

(2)　a set of firm beliefs held by a group of people who expect others to accept these beliefs without thinking about them　(*LDOCE*)

　「熟慮することなく他人に押し付けられた信念」とも定義される。要するに、自分で真偽のほどを確かめたわけでもないのに、盲目的に信じ込むストーリーのようなものである。

　どうして、ストーリーという言葉を使ったかというと、このスピーチを聞くと、サクセスストーリーという言葉を思い出すからである。

　世は 21 世紀、そして（コロナ禍で長らく停止していたが）世界中を自由に飛び回る、モビリティの時代である。人間が多様であるように、私たちの価値観も多様であってよい。個性が重視される時代なのだ。

　ところが、その一方でこんな光景もある。大学のキャリア支援の一環として、保護者の皆さんにも集まってもらい、そこで就職したばかりの学生（先輩）に経験談を語ってもらう。就職にまつわる最近のキーワードはインターンシップ。学生も海外インターンシップを経験した上で、有名企業に職を得た話を披露する。すると、それを聞いた保護者の方々が、海外への学生派遣をサポートする窓口に大挙して押し寄せるのである。

　「どうしたらうちの息子を海外インターンシップに参加させられますか？」、「うちの娘が海外インターンシップに参加できるだけの英語力を身につけるためには、どこに留学させたらいいですか？」などの質問が次々に飛んでくる。

　親（保護者）とは本当にありがたいものだと、つくづく思う。わが子のために、何とかよい就職先を得られるよう、その環境を用意しようと、さっそく情報集めに奔走してくれる。しかし、海外インターンシップを経て、有名企業に就職した学生には、それぞれ個性があって、学びにせよ、課外活動にせよ、交友関係にせよ、バックグラウンドは十人十色のはず。成功の陰には、個性と個性のぶつかり合いがあったに違いない。

　海外インターンシップの経験は、有名企業への就職の十分条件だったかも知れないが、必要条件ではない。それにも関わらず、しかも個性の時代だと理解しつつも、彼（女）と同じコースをわが子にも求めようとする心理には、「海外インターンシップが有名企業に就職するための早道だ」という、いわばサクセスストーリーが潜んでいる。しかし、このストーリーとて、すべての事例で成功だったという証拠はないわけであるから、Steve Jobs が警

告したドグマにほかならない。私たちの身の回りには、思いの外ドグマは多いものである。短い人生、ドグマに翻弄されていてよいのであろうか。今の時代に求められる多様性と個性重視などという話は、いつの間にかどこかに吹っ飛んでしまい、皆が同じ行動パターンに陥ってしまっている。

　厚生労働省の報道発表資料では、就職後 3 年以内に離職した新規学卒就職者の割合は、大卒で約 31.2% と言われる。自分の個性を発揮できる新天地を求めて、転職することに以前のようにためらいがなくなっていることもあろうが、もしかして上のようなサクセスストーリーに代表されるドグマに影響されて、その幻想を抱いたまま職に就いている若者も多いのではないだろうか。

　本書第Ⅰ部の基本テーマは「コミュニケーションは謎解きだ」という主張である。日頃のやり取りで、推理小説のようにいちいち複雑な謎解きをしていては、埒が明かないのではないかという疑問も、咄嗟に浮かぶであろう。幸いなことに、ほとんどの場合、自分が謎解きをしていることを意識しないまま、そのやり取りは成立している。反対に、相手と自分の理解にどこか支障があることに気づいたとき、あるいはコミュニケーションが不首尾に終わったときはじめて、そこに謎解きが介在していたことが明らかになるのだ。

　謎解きの鍵を握っているのが、ドグマであり、偏見であり、思い込みであり、私たちが広く「常識」と呼んでいるものなのである。これが、サクセスストーリーのごとく、私たちの頭の中で、物語のようなもの（物語そのものではない）を構成している。本書ではこれを「サイレント・ナラティブ」と呼ぶ。

　また、謎解きの本質には「アブダクション」と呼ばれる推論がある。また謎解きには、「二重のコード化」と呼ばれる、いわば多義性を生成するメカ

ニズムに気づくことも含まれている。前提には、言語（記号）と意味の関係が、必ずしも一対一に対応（意味の「単層性」）しているわけではなく、二重のコード化に象徴される一対多の対応の世界であるとの考えがある。本書では、これを意味の「複層性」と称する。

　メッセージが伝える意味が複層的であるとき、ある人には理解できるが、他の人には理解できない層が出てくる。だから、コミュニケーションはただ（単層的な）意味の伝達に終始するのではない。わかる人にはわかるが、わからない人には（未来永劫）わからない、そういった付加的な意味の往来も大切なのである。本書では、意味の付加を「目配せ」と呼んで、これにも注目する。この目配せに気づくことが、コミュニケーションの参与者の関係性の構築やその強化にとって重要であり、実はこれが語用論の一大テーマでもあるポライトネスの問題にも関係してくる。本書では、ポジティブ・ポライトネスやネガティブ・ポライトネスをも包含する「プロト・ポライトネス」の概念も提案することになる。

　こういった、さまざまな要因も巻き込みながら、状況に応じて、私たちの頭に現れては消えていくサイレント・ナラティブはダイナミックで流動的なものだと仮定する。流動的なものは捉えようがないので、学問の世界では忌避される。本書の第Ⅱ部では、流動性が忌避され、スタティックな方向へと議論が向かう理由と、背景にあるきわめて頑強な西欧思考の呪縛について、試論として語ることになる。

　アブダクション、サイレント・ナラティブ、二重のコード化、意味の複層性、プロト・ポライトネス、西欧思考の呪縛が、本書の主要なキーワードである。

謎解きのレトリック

　私たちが、何気なく参加している日常のコミュニケーションには、「謎解

き」が結構潜んでいるものである。ここでは、さまざまな事例を紹介しなが
ら、背景にあるメカニズムにも言及してみたい。まずは、映画の一シーンを
考えてみよう。

(3)　Press: And what, in the opinion of your highness, is the outlook for
　　　friendship among nations?

　　　Ann: I have every faith in it, as I have faith in relations between
　　　people.

　　　Bradley: **May I say, speaking for my own press service, we
　　　believe that your highness' faith will not be unjustified.**
　　　Ann: **I am so glad to hear you say it.**
　　　Press: Which of the cities did your highness enjoy the most?
　　　Ann: Each in its own way was unforgettable... It would be difficult
　　　to... Rome, by all means Rome!　I will cherish my visit here in
　　　memory as long as I live.

Roman Holidays

　「国家間の友好の大切さ」について問われたアン王女のお決まりの返答は
「私はそのような友好の大切さを信じております」であった。しかし、その
お約束を破って、ここでは「人と人の間の友情の大切さも信じているよう
に」と付け加えて、側近の人たちを驚かせる。

　それに対して、ブラッドレー記者は、「わが社を代表して」と前置きをつ
けながら、「王女のご信念が裏切られぬことを信じています」と発言する。
「それを聞いて安心しました」がアン王女の返答である。表面的な解釈は、
王女も記者も外交儀礼に則った差し障りのないやり取りをしたことになるだ
ろう。

　しかし、私たちはアン王女が宿泊先から抜け出して、「ローマの休日」を
満喫したことを知っている。そこでは、バイクで屋台に突っ込み、警察沙汰
になったし、本国から船上パーティに送り込まれた黒ずくめの秘密警察と大
乱闘も繰り広げられた。ブラッドレーの相棒カメラマン・アーヴィングが、
その一コマ一コマをライター型小型カメラに収めていた。謁見最後の写真撮
影で、アーヴィングがライター型小型カメラを取り出して、彼女に種明かし
をし、さらにローマ滞在中の記念写真だと告げながら、大乱闘シーンの入っ
た封筒を渡すのである。

　先の「人と人の友情の大切さを信じておられる王女の気持ちが裏切られぬ
ことを信じています」というブラッドレーの公式発言は、「友情を裏切りま
せん、一切口外することはありません」というプライベートなメッセージと
しても読み取れる。証拠写真を王女に手渡したアーヴィングのメッセージも
また同じである。

　コミュニケーション中には、メッセージが単一ではなくて、このようにレ
イヤー（層）になっていることがある。ウンベルト・エーコが言う「二重の
コード化」（Double coding）である。[1]

　フィクションにおける、このような「二重のコード化」について、ウンベ
ルト・エーコは「読者の知性や意欲の尊重」と呼び、「教養のあるほのめか
し」（Cultivated allusion）を作者と読者が共有することによって、両者の間
に一種の「共犯関係」（a sort of silent complicity）が成立すると考える（Eco
2011:31）。

　「共犯」というと物騒な響きがあるが、作者（話し手）の目配せ（Wink）
を読者（聞き手）が的確にキャッチするような状況である。隠語が仲間内で
しか通じないように、そのほのめかしはわかる人にしかわからない。だか
ら、それがわかるということは、両者の間に「共感」（Empathy）が生まれ

ることになる。いわば、仲間意識が醸成される。それは、ポライトネスとは直接的には結びつかないが、後の章で触れることになるポジティブ・ポライトネスへの配慮と似たものがある。コミュニケーションとは、単なる意味の伝達だけでなく、そのような共感（共犯）関係を創造・確認する行為とも言える。[2]

　先の「ローマの休日」でも、オフィシャルな発言を、いわば隠れ蓑にして、アン王女・ブラッドレー・アーヴィングの3人の間に、このような共感（共犯）関係が成り立っているのだ。またそれを鑑賞する側（聞き手・読者）も一連のエピソードが背景情報としてあるため、その関係に気づく。気づいた瞬間に、自分たちも、その共感（共犯）関係のメンバー（一味）になるのである。映画や小説となった作品の秀逸さは、メッセージそのものだけでなく、こういったメッセージに覆いかぶさった別のメッセージ、つまりメタ・メッセージの良し悪しにも左右される、と考えてもよいだろう。

　ここで注目しておきたいのは、「ローマの休日」がそうであるように、一回だけで完結する作品においては、共感（共犯）関係を呼び起こすメタ・メッセージに気づく工夫が、当然のことながら、その作品の中に仕込まれている。ウンベルト・エーコが「間テクスト的アイロニー」（Intertextual irony）と呼ぶものであるが、正確には「テクスト内アイロニー」（Intratextual irony）とでも言うべきであろう。

反復的言及とアイロニー

　相手がどうしてそんな発言をしたのだろう、と一瞬戸惑うことがある。謎解きの始まりは、そのような戸惑いから始まる。たとえば、アイロニーも私たちの戸惑いを誘発する。

　アイロニーとは、場面・文脈にそぐわない内容で、あえて自分も真とは思っていない発話をすることである。Sperber & Wilson（1981）は、言語の

使用（Use）と言及（Mention）の違いに注目しつつ、アイロニーの本質について考察している。[3]

　たとえば、晴天を仰ぎながら、私が What lovely weather!（なんといい天気か！）と言えば、これは紛れもなく真実を語っており、本当にそう思っているので、使用（Use）の事例である。ところが、この発言を誰かが引用して、Eiichi said "What lovely weather" と言ったとしたら、「なんといい天気か！」は誰かのアイデアでなくて、私のアイデアをその人が伝達しただけである。これを言及（Mention）と呼ぶ（Sperber & Wilson 1981:303）。

　さて、何人かの仲間がピクニックに出かけたとしよう。朝の出発時は晴天で、私が What lovely weather!（なんといい天気か！）と発言する。これは、「使用」である。ところが、昼前になって、一天にわかにかき曇り、土砂降りの雨に見舞われ、みんなずぶ濡れになってしまう。このとき、誰かが私の顔を見ながら、What lovely weather!（なんといい天気か！）と言ったとしたら、これは明らかに（私に対する）アイロニーとわかる。土砂降りが「いい天気」のはずがなく、話し手はそれを真とは思っておらず、ただ私の朝の発言を、いわばおうむ返し的に真似した、つまり「言及」したに過ぎない。そうすることによって、私のその発言がいかに愚かしいものであるか、暗にほのめかしているのである。

　アイロニーとは、場面・文脈が変わることによって真とは言えなくなった発話を、このように機械的に反復することによって伝達されるメッセージなのである。Sperber & Wilson は、これを「反復的言及」（Echoic mention）と呼ぶ（Sperber & Wilson（1981:310））。

　なるほど、アイロニーの定義としては興味深いが、これを発話に限定してよいのかという疑問は残る。

　たとえば、ピクニックの例で言えば、誰も口にはしないが、出発時に好天に恵まれたことをみんなが喜んでいる光景を想像してみよう。その後、土砂降りの雨に見舞われ、みんなずぶ濡れになってしまったとき、誰かが What lovely weather!（なんといい天気か！）と言えば、それも立派なアイロニーではないか。ただ、この場合は先行する発話がないので、アイロニーは特定の人に向けられているのではなく、自分を含むみんなの思いに対して、いわば自虐的に向けられていると考えられるだろう。

　ここでは、もう一つ Wilson & Sperber（1994:103）の例を紹介しておこう。

⑷　*Mary, of Peter, who has just tripped over his own feet*
　　Peter's just like Rudolf Nureyev.

　足がもつれて転倒したピーターを評して、メアリが「まるで（名バレーダンサーの）ルドルフ・ヌレイエフみたい！」と言う。名バレーダンサーが、そんな不格好な姿を見せるはずはなく、メアリは明らかに偽りを述べている。一方で、日頃から「ピーターの身のこなし方が（ルドルフ・ヌレイエフみたいで）カッコいい！」と（口には出さないが）思っている人がいるとしよう。そうすると、いま眼前で起こった、みっともない転倒という出来事は、この思いと合致しない。合致しないどころか、それは「滑稽な」（ludicrous）とでもいうべきアイデアである。そのような誰かが抱いていると察せられるアイデア、これを Wilson & Sperber（1994）は帰属先のあるアイデア（Attributed thought）、と呼び、それを揶揄するのがアイロニーの本質だと考える。

　したがって、先行する発話は必要でない。あえて言及（Mention）という言葉を使うとすると、その対象は発話であっても頭に浮かんだアイデアでもよい。発話とはアイデアの具体的な発露とも考えられるから、ここで

（少なくともアイロニーで）問題になっているのは、帰属先のあるアイデア（Attributed thought）への言及とまとめてしまっても差し支えないだろう。

発話者の「目配せ」

さて、いま見たようなアイロニーは、同じ談話（テクスト）の中で特定できるアイデアへの言及が問題になっていた。

これに対して、ウンベルト・エーコは「間テクスト的アイロニー」という言葉を用いて、ほかの有名なテクストからの直接引用や、ほかの有名なテクストへのほとんど明白な引用（Eco 2011:29）を指すことで、もっと広範な文脈・場面を取り込もうとしている。たとえば、エーコの小説「薔薇の名前」は、

(5)　Naturally, A Manuscript

「手記だ、当然のことながら」という見出しで始まっている。冒頭でいきなり「当然のことながら」と言われても読者は戸惑ってしまう。しかし、教養ある読者であれば、19 世紀イタリアの小説家アレッサンドロ・マンゾーニの作品「いいなずけ」の冒頭に、17 世紀の手記が物語の典拠であると述べていることを思い出す（Eco 2011:31）。

だから、物語の典拠と言えば、当然のことながら手記なのである。

この仕掛けについて、重要な点が二つある。一つには、この言及に気がつく読者は限られていると思われる点。これについては、ウンベルト・エーコも言うように、「ほのめかしに気づかなかった読者は、ただ物語に追加された目配せ（Additional wink）を見逃した」（Eco 2011:31）だけで、物語そのものを十分に味わうことは可能なのである。

　もう一つ重要な点は、先の帰属先のあるアイデアだ。他テクストからの引用、もしくは他テクストへの言及が「間テクスト的アイロニー」の基本ではあるが、それには、現れた言葉の直接的引用、あるいはそれへの直接的言及だけでなく、その言葉が契機となって喚起される、誰かに帰属するアイデア（Attributed thought）も含まれる。ここでは、「手記」という言葉がきっかけとなって呼び起こされる、「物語の典拠と言えば手記である」という、もともとアレッサンドロ・マンゾーニに帰属する（Attributed）アイデアが、それに当たる。

　この例では、物語（「薔薇の名前」）と物語（「いいなずけ」）が、いわば時空を超えて対話をしているのだ。だから、この場合の「間テクスト的アイロニー」とは、正確には「テクスト間アイロニー」（Intertextual irony）と言える。あるいは、「ナラティブ間アイロニー」（Inter-narrative irony）の方が正確かも知れない。

　いずれにしても、他のテクストを巻き込む引用・言及を伴うコードの二重化では、話し手（語り手）が目配せでそのことを合図し、聞き手（読み手）が目配せに気づいたときに、（通常レベルのコミュニケーションに被さる形で）メタ・レベルのコミュニケーションが成立する。共感（共犯）関係が確認されることで、両者に仲間意識が醸成されるのである。のちに本論に出てくる言葉を使えば、プロト・フェイスが満たされると言ってもよい（第5章参照のこと）。

二重コードと「男はつらいよ」

　ナラティブ間の言及例をもう一つ見ておこう。先ほど、一回だけで完結する（通常はそれがほとんどだが）作品の例として「ローマの休日」について

考えたわけだが、登場人物がほぼ固定化して、シリーズ化した作品もある。次は 48 作のシリーズもの「男はつらいよ」からの引用である。

　シリーズ第 27 作と第 46 作は、まったく異なる設定のエピソードであるが、いずれも寅次郎のマドンナ（恋人）役を松坂慶子が演じている。第 27 作では、大阪で芸者をしている「ふみ」、第 46 作では、バブルで経営に失敗した料亭のおかみ「葉子」として登場するが、そこにナラティブ間アイロニーが巧みに織り込まれている。

　こちらは、第 27 作終盤のワンシーンである。

(6)　寅次郎：　なんだ、なんか楽しいことでもあったの？

　　　さくら：　別に、いつものとおりよ。

　　　寅次郎：　うーん、いつものとおりの貧しい夕食が終わったわけだ。

　　　さくら：　うん。

　　　寅次郎：　そうですか。（満男に向かって）なぁ。

　　　　　　　　*ふみが後ろから近づいて**両手で寅次郎の目をふさぐ。***

　　　寅次郎：　ほらぁ、暑いんだ。そういうことをするんじゃないんだよ、満男。まったく、おまえ不精だね、そこにぶっ座ったまま、そうして後ろにきて…　（後ろや周りを見ながら、人数を勘定する。）

　　　寅次郎：　誰か後ろにいるの？

　　　さくら：　いい人。

　　　寅次郎：　人？（ふみが横から顔を見せる）なんだ、おふみちゃん、来てたのかぁ。

　　　　　　　山田洋次（1981）「男はつらいよ　浪花の恋の寅次郎（第 27 作）」

　一方、こちらは第 46 作の同じく終盤のワンシーンである。

(7)　さくら：　ちょっとここに座りなさい。

　　　満男：　なんだよ。早く用を言ってくれよ。あいつらと遊びに行く

んだからさぁ。

さくら：　私たちがこんなに一生懸命働いているのに、あんた、手伝
　　　　　おうともしないの？

満男：　　いいじゃないかよぉ、学生時代最後の正月なんだぞ。
　　　　　なに、わざわざそれ言うために呼んだの？

葉子が後ろから近づいて両手で満男の目をふさぐ。

満男：　　あれ、誰？　（葉子が横から顔を見せる）　あれ、ねえさ
　　　　　ん、どうして！？

　　　　　山田洋次（1993）「男はつらいよ　寅次郎の縁談（第 46 作）」

　いずれにおいても、マドンナが、寅次郎を訪ねて予告もなく帝釈天の門前
「とらや／くるまや」にやってくる。ふみのときは寅次郎がいる。葉子のと
きは寅次郎が不在で、満男がその代わりである。

　後ろから近づいてきて相手の目をふさぐ動作は、相手を驚かす、何でもな
い動作ではあるが、いずれも松坂慶子が演じているがゆえに、第 27 作を知
る観客にとって、第 46 作のそれは、まさにデジャビュ（既視感）なのであ
る。しかも、前者では寅次郎の横に座っていた小学生の満男が、後者では立
派な青年として寅次郎の代わりをしている姿に、12 年の時の経過を感じさ
せる「おまけ」まで付いている。

　このデジャビュを感じない観客も、ウンベルト・エーコの言葉を借りれ
ば、語り手の「目配せを見逃した」だけで、何の遜色もなく作品を楽しむこ
とができる。

　一方、その目配せに勘づいた、つまりナラティブ間アイロニーを察知した
観客は、語り手（この場合、山田洋次監督）との間に、共感（共犯）関係を
結んだわけで、密かにそのことに満足し、思わず微笑（えみ）を漏らしてし
まう。ここでの目配せとは、マドンナが親しい人の目を背後から両手でふさ

ぐ動作が、誰かに（ここでは過去の作品に）帰属するアイデアであることを合図することである。

二重コードと「Dの複合」

　二重コードの例は、まさに謎解きの物語にも複雑な形で現れる。たとえば、松本清張の小説「Dの複合」では、そこに現れるさまざまな土地が「浦島と羽衣の説話」ゆかりの場所としてつながっているのだ。京都・木津温泉、兵庫・人丸神社、兵庫岩屋から友ヶ島を眺めながら移動する紀淡海峡、和歌山・淡島神社、静岡・三保の松原、京都・松尾大社。主人公の伊瀬忠隆は、雑誌『草枕』が企画する「僻地に伝説をさぐる旅」をテーマとする取材で、浜中という編集者とともに、その場所を訪ね歩く。

　しかし、取材の旅を重ねるうちに、次々に不審な事件が起こる。やがて、浦島・羽衣所縁の地がいずれも、北緯35度、あるいは東経135度、またはその交点に位置することに、伊瀬は気づくのである。

　さて、浦島・羽衣は、ある場所に久しくとどまるという意味で「淹留説」を思い起こさせる。さらに、それは刑務所さえ暗示している。また、木津温泉の宿泊先の近くで見つかった白骨死体は殺人を強く示唆する。さらに、そこに残された舟板に「海龍丸」と書かれており、松尾大社の奉納額には「名酒・海龍」の名前が見えるのである。これは何かの偶然だろうか。

　後に詳述するが、因果関係を模索するとき、ある証拠（果）を手掛かりに、それにつながる原因（因）を推測するのは、まさにアブダクションという推論である。これは絶対に正しい推論とは言えないのであるが。たとえば、「白骨死体（果）」を見て、それを「殺人（因）」と結びつけることは可能ではあるが、そこに論理的必然性はない。道に迷った人が衰弱死したのかも知れないのだから。また、「浦島・羽衣（果）」の先に「刑務所（因）」を結びつけるには、どう考えても、論理の飛躍がある。

　しかし、ここで謎解きが始まり、取材をする伊瀬と浜中は、戦前に紀淡海峡で船長が機関長を殺し、船火事を起こしたとされる「宇美辰（うみたつ）丸」の事件に辿り着く。船長の海野竜夫は、機関長を殺したとして、事件後、網走刑務所で12年間服役した。船名の「宇美辰」は、船主の出身地が福岡・宇美で、辰年生まれであったことに由来するらしい。ウミタツは「宇美辰」とも「海龍」とも表記できる。4) そうだとすると、「海龍丸」も「名酒 海龍」も、「宇美辰」そのものであり、論理の飛躍が疑われた「刑務所」も自然に話題にのぼってくる。

　北緯35度、あるいは東経135度、またはその交点に話を戻そう。「僻地に伝説をさぐる旅」で、伊瀬と浜中が通過した紀淡海峡は、まさに東経135度。機関長が殺されたとされる友ヶ島の沖合は、ちょうど東経135度に当たるところなのである。ここまで偶然が重なると、何者かの作為（別の言葉では「必然」）を疑わざるを得ない。

　実は、機関長を殺したのは海野竜夫ではなく、戦時中の禁制品を運んで金儲けをしていた船主が内情を知りすぎた機関長を抹殺しようとして、他の船員3人と口裏を合わせての仕業だった。船火事を起こしたのも彼らであり、裁判で3人は口を揃えて船長を犯人に仕立て上げたのだ。

　その船主が、いまや雑誌『草枕』のオーナー・奈良林であり、冤罪で服役した海野竜夫の息子が雑誌『草枕』の編集人・浜中だった（「浜中」は母方の姓）。父親の無念を晴らすべく浜中は、素性が知れないように雑誌社に入り込み、「僻地に伝説をさぐる旅」の企画を提案し、じわじわと奈良林を追い詰めていくのである。

　浜中に種明かしをされた伊瀬は、「どうしてこんな手のこんだことをしたのか」と問う。

(8)　心当たりの者にそれとわかればよかったんです。無関係の者は気がつ
　　かないが、関係者は必ずそれと気がつくようにしてあるんですね。そ
　　れと、東経一三五度という、こいつですね、その組合わせで、心ある
　　者にはわかるサインになっていたんです　（松本清張「Dの複合」p.
　　282; 傍点筆者）

　伝説を介して結びつくとだけ思われた土地が、経度・緯度が共通項となっ
て、まったく別の対話を始める。さらにそれが契機となって、事情を共有す
る人間にとっては、さらに別の意味へと展開していく。

　言葉は単刀直入にコードに違いないが、さまざまなモノ・コトもまたコー
ドとなり、それもまた言葉と同様に、二重にも三重にも、相手にメッセージ
を伝えることになる。ウンベルト・エーコの言葉を借りれば、語り手が聞き
手に対して「目配せ」をしているのだ。

　「Dの複合」は推理小説なので、そこには二重・三重のコードが巧みに
織り込まれ、（登場人物とともに）読者がそれを読み解いていくのが、話の
醍醐味と言える。これが、日常のコミュニケーションに頻繁に現れるよう
では、ややこしくて仕方がないが、そういった日常のメッセージの中にも、
「無関係の者は気がつかないが、関係者にはそれと気づく」ものがあること
は確かである。

　小説では、身内しか知り得ない不都合なメッセージを「目配せ」してい
て、受け手（読み手）はその目配せの意図を探ろうとするのである。「Dの
複合」では、受け手が、この目配せを送り手の意図どおり「脅迫」と受け止
め、疑心暗鬼になる。メッセージの言外の意味を読み取るという意味で、語
用論の問題そのものである。[5]

　ここで大切なことは、コミュニケーションとは、記号と意味が完全に一意

対応する単純なシステムのオペレーションではないことである。「目配せ」に代表される言外のメッセージが互いに通じ合うからこそ、共犯（共感）関係に代表される、さまざまな感情が参与者の心の中に喚起される。単なる情報伝達にとどまらない、あるいはそれ以上の役割が、そこでは期待されているのである。

二重コードと「万葉集」

たとえば、古代の歌はどれも意味深である。これもまた、二重コードが関わっている。

⑼　我が里に　大雪降れり　大原の
　　古りにし（ふりにし）里に
　　降らまくは後（のち）　（天武天皇）
　　（おまえはうらやましがるだろうな　私の里にはこんなに大雪が降ったぞ／そちらの大原の古びた里に雪が降るのは／しばらく先になるだろうからね）

これは天武天皇が、実家の妻（の一人）である藤原夫人（ぶにん）に宛てて、明日香の大原の実家に贈った歌である。要するに、「自分が住んでいる里に大雪が降ったが、あなたの住んでいる大原で雪が降るのはまだまだ先のことだろう」という推測を述べたまでの話。

しかし、なかほどの「古りにし」は「雪が降る」と「古い（ふるびた）」の掛け言葉になっていて、わざと妻の住む大原を古びた里と呼んで揶揄っている。「こちらでは雪がふったぞ、うらやましいだろう、そちらはまだ先の話だ」と自慢しているのである。

これに対して、妻・藤原夫人も負けていない。

⑩　我が岡の　龗（おかみ→龍神）に言いて　降らしめし
　　雪の砕けし そこに散りけむ（藤原夫人（ぶにん））
　　（大雪が降ったとたいへんご自慢ですが、その雪は私が住むこの丘の
　　龍神に命じて降らせた雪。その砕けたほんの欠片（かけら）が、あな
　　たのもとに飛び散っただけでしょう）6)

　「それは、そもそも私の住んでいる丘の龍神に命じて降らせた雪。その砕
けた雪の欠片（かけら）が、そちらに飛び散ったのでしょう」と、彼女もま
た相手に推測で応じる。実際には、相手の自慢に対して一枚上とも言える自
慢で応戦している。つまり、歌を通じて、夫婦がユーモラスな会話をしてい
るのである。

　二人のやり取りのきっかけとなった天武天皇の掛け言葉「古りにし」＝
「降る（ふる）＋古（ふる）びた」は、二重コードになっていて、いわば妻
に対する「目配せ」である。その目配せに、私たちもまた気がつくからこ
そ、夫婦が無邪気に自慢しあっている姿を微笑ましいと思うのだ。

　言語・非言語を問わず、このようにコミュニケーションには二重コードが
散りばめられており、話し手（語り手）は聞き手（読み手）に目配せを送っ
ている。だから、聞き手（読み手）がこの目配せに気がつかなかった場合、
コミュニケーションの本来の目的が達成できなかったことになる。ただ、お
もしろいのは、そうは言うものの、私たちのインタラクションはそれほど厳
格なものではないことだ。つまり、仮に聞き手（読み手）が二重コードによ
る目配せを見逃してしまったとしても、いわば意味の半分は伝わるので、意
図されたものよりは薄っぺらなものに堕するけれども、何とかコミュニケー
ションは継続し得るのである。

意味の単層性と複層性

　筆者は大学院生の頃、授業の中でシャノンの通信理論に接することがあっ

た。確かに、この理論は情報学の基礎的な理論として今でも欧米で認められているそうだが、[7] 言語研究に関わろうとする人間として、当時の私は言いようのない違和感を覚えたものである。

　シャノンの理論とは、要するに記号機械情報の効率的伝送に関するもの、つまり一意対応を前提とする記号を、チャンネルの一方の端から他方の端まで伝送することを前提としている。すなわち、メッセージ（としての記号）の意味の単層性がすべての出発点なのだ。

　確かに、インターネットで伝送されるメッセージが、発信先でも受信先でも複数の暗号規約（Codes）で記号化・復号化される、つまり多義的な（Ambiguous）ようでは、コミュニケーションが成り立たない。だから、シャノンのいうコミュニケーションとは、単層的な記号機械情報の伝送という、きわめて特殊なコミュニケーションのことを指していたのだった。

　二重コードによる目配せであったり、掛け言葉であったり、いずれも言語（記号）の複層性と深い関わりがある。極端な言い方をすれば、コミュニケーションは多義性（Ambiguity）の上に成り立っているのである。今から考えると、筆者は当時も、そして今もまた、言語の多義性、あるいは複層性に関心があったのだと言える。そういう者にとって、メッセージの単層性だけを論じて、それを（正確にはシャノンは「通信論」と言っているのではあるが）堂々とコミュニケーション論と言われるほど、心地の悪い話はない。

　だから、そのときの違和感には、それなりに正当な理由があったわけである。

註

1 ）Eco（2011:31-32）.
2 ）松岡（2009:102）では、情報のやり取りのプロセスで、「編集構造の断片」を互いにさぐりあいながら交換している。「編集的相互作用」というが、私たちの日常のインタアクションも、ある意味、意味を紡ぎ出す編集作業のようなものである。
3 ）Sperber & Wilson（1981:295-318）.
4 ）このような形で「宇美辰」の由来が説明されているが、他方で船長の名前は海野竜夫で、これも「海竜（海龍）」と読める。むしろ、「海龍丸」も「名酒 海龍」も、この名前を想起させることによって、海野竜夫の怨念を象徴させているとも考えられる。松本清張が、このような（いわば）ダブル・コードを、意図的に、あるいは意図せず作中に織り交ぜたのかは不明である。
5 ）「語用論」とは文脈の中で意味を確定する理論である。文脈を外して意味を考える「意味論」とは異なる。
6 ）『日めくり万葉集』 vol. 1（2008）p 46-49.
7 ）西垣（2018:155）.

第2章　謎解きと推論

〜アブダクション、ヒューリスティック、エンテュメーマ〜

はじめに

　第1章の議論からも明らかなように、コミュニケーションの問題を考える上で厄介な点は、問題となる表現が文字どおりの意味にとどまらず、場面・文脈に応じた言外の意味を含む場合が多いことである。言外のメッセージを読み解く試みは、〈語用論〉（Pragmatics）の守備範囲とされるが、字面に現れない情報を引き出すプロセスを明らかにする上で、そこに絡む推論行為を観察・熟考することを避けて通ることはできない。そこでは、その**推論**とはどのようなスタイルなのか、論理の問題として捉える必要性が生じる。一方で、論理とはいえ、コミュニケーションに現れるプロセスは、いちいち立ち止まって考えるようなものではなく、理解の**即時性**が重要であり、熟考を要求する論理学の世界とは一線を画すべきであろう。また、相手の共感も得ながら情報を伝えるという観点から、そこには考慮すべき**レトリック**の問題も潜んでいる。本論では、言外の意味解釈にまつわる語用論の話題を取り上げながら、推論・即時性・レトリックのそれぞれに対応する、アブダクション・ヒューリスティック・エンテュメーマの観点から、言外の意味としての推意が産出・理解される過程を考える。

隠れた情報とその回復

　まずは、最短の小説と言われる以下の記号列を考えよう。

(1)　For sale: Baby shoes, never worn [1]
　　　（売ります、ベビーシューズ、未使用）

　これが小説として成立するためには、読者が想像力を働かさなければなら

ない。つまり、売りに出された一足のベビーシューズが、なぜ未使用なのか
と。おそらく、私たちの多くが、細い紐がきっちり結ばれた靴がぽつんと置
かれている、そしてその靴を履くはずだった小さな子供の姿が見えない光景
をイメージするのではないか。[2] そこからは、子供を亡くし、悲しみにう
ちひしがれた夫婦（あるいは女性）の姿が浮かび上がってくる。

　この例は、完全な文ではなく、断片的メッセージであるがゆえに、ベビー
シューズが「なぜ新品のままなのか？」とか、「なぜ売りに出されているの
か？」のように、表には現れていない情報を読者が補わなければストーリー
が完結しない。つまり、読者が想像力たくましく、言い換えれば、背景知識
を駆使して、空白を埋めなければならない。ただし、それはこの断片に誘発
された、あくまでも読者の推論に過ぎないわけで、多くの読者が同じイメー
ジに到達するという事実にもかかわらず、悲しみにうちひしがれた夫婦（あ
るいは女性）の姿というストーリーは正しいことが保証されたものではな
い。たとえば、（物語性は著しく損なわれるが）よちよち歩きを始めたわが
子のために買った靴のサイズが合わなくて、それを夫婦が売りに出しただけ
かも知れない。推論を伴う解釈は、そのように不確実なものなのである。

　さて、完全な文である次の例はどうだろうか。

　(2)　サリーはアイロンをかけたので、シャツはきれいだった。
　(3)　サリーがアイロンをかけたので、シャツはしわくちゃだった。[3]

　シャツにアイロンをかけると、「シワがなくなる」というのが、私たちの
常識（＝背景知識）である。よって、(2)はその知識と整合するので、問題な
く解釈は完了する。ところが、(3)はその常識と真っ向から対立するため、私
たちはアイロンをかけることによって逆にしわくちゃになる理由を探そうと
する、つまり推論する。そこから、（おそらく）「サリーはアイロンがけが苦
手なのだ」という情報を引き出すのである。

　困ったことに、文としては完結してはいるものの、(1)と同様に、推論が関わった瞬間に、その解釈は不確実になる。実際、(3)の場合、上記の解釈以外に、たとえば「サリーはまだ5歳児だ（からアイロンが苦手だ）」も可能である。4)

　ことほどさように、不完全な記号列の解釈はもとより、単独の文の解釈でも、その一部が背景知識と整合しない場合、意味のまとまりを求めて、私たちは穴埋め作業、すなわち推論を差し挟もうとする。そして、推論が絡むと解釈は不安定になる。あるいは、その解釈が間違いであることを指摘されて、はじめて推論プロセスが私たちの頭の中で無意識に起動していたことに気づく場合もある。次の文がそれに該当する。

(4)　Billy went to the top of the Empire State Building and jumped. 5)

　おそらく、誰もがこの文から「ビリーがエンパイア・ステート・ビルから飛び降りた」と考えるだろう。そこには、“off the edge of the building” という、いわば空所補充、つまり推論が働いている。しかし、その推論の正しさは、やはり100％担保されているわけではない。「ビリーがエンパイア・ステート・ビルの屋上で跳躍した」だけかも知れないのだ。（もしその解釈が意図されているとして）そのように種明かしされてはじめて、「ビルから飛び降りた」という解釈が、（ほとんどの場合、正解であるとはいえ）私たちの勝手な思い込み（＝推論）であったことに気づかされるのである。

　私たちは、それほどまでに推論に頼りながら、断片的な記号列はもちろんのこと、文法的には適格な文さえも、一つのまとまりある情報として解釈しようとする性向をもっているのだと言える。6)

推意の算定と特徴

　このように、推論を介して産出される（解釈される）意味について、ある

一定の条件を満たしたものは〈推意〉と呼ばれる。誌面の都合で、詳細は省くが、ポイントは以下のとおりである。

　言語哲学者 Grice によれば、柱となる大原則があり、その下にある公理群に従い私たちはコミュニケーションを行なっている。

大原則：コミュニケーションの目的・方向性に従い、話し手・聞き手が応分の貢献をせよ（協調の原理）。
公理群：4つの公理（「質」「量」「関係性」「様態」）に従って情報を提供せよ。[7]

　この大原則と公理群に従っている限り、発話は〈文字どおりの意味〉（Literal meaning）を伝えていると考える。しかし、何かの理由で、話し手がいずれかの公理に違反したとき、しかも違反が明確にわかるような形で発話がなされたとき、そこには言外の意味（Implied meaning）が込められており、聞き手はそれを推論することが求められる。推論により得られた意味ゆえ、これを〈推意〉（Implicature）と呼ぶ。たとえば、次のＢの発話は「質」の公理の違反例である。

(5) *The speaker has accidentally locked herself out of her house. It is winter, the middle of the night and she is stark naked:*
A: Do you want a coat?
B: **No, I really want to stand out here in the freezing cold with no clothes on.** [8]

　つまり、真冬の深夜に真っ裸のまま戸外に立たされているＢが「このまま服を着ないで立っていたい」はずがない。明らかに（「本当のことを言え」という）「質」の公理に違反していることが、聞き手のＡにもわかる。そこでＡは推論をすることで、たとえば「（「上着もってこようか？」などとい

う）間抜けなことを言ってないで、さっさと戸を開けて中に入れてちょうだい！」という言外の意味、すなわち〈推意〉を読み取る、というわけである。

　ここで気をつけなければならないことは、推論の背景には考慮すべき文脈が必ず存在するということ、そして推論はあくまでも推論であって、結果として得られる推意が、100％正しいとは言い切れないという点である。たとえば、A が屋内にいると想定すれば、「さっさと戸を開けて中に入れてちょうだい！」という解釈は（その文脈では）正しいけれど、A がたまたま車で通りかかったのだとすれば、「さっさと車に乗せてちょうだい！」という意味だったかも知れない。つまり、前節で述べたように、推論が絡むと解釈は不安定になるのである。[9]

広義の推意

　前節の冒頭で「ある一定の条件を満たしたもの」と断り書きを添えたように、Grice のいう〈推意〉とは、遵守すべき公理、言い換えれば、規範となる流れからの逸脱が明らかな場合に誘導される（言外の）意味と言える。このことを踏まえて、例文(1)、(3)、(4)を見直してみよう。

　例文(1)は、わずか6語で小説が書けるか否かに作者が挑戦した例とも言われるので、そもそも規範となる流れは無視されており、Grice の公理を適用するならば、（「過不足なく情報を提供せよ」という）「量」の公理に違反していると言えよう。それが契機となって、幼子を失った夫婦（あるいは女性）が発したメッセージという解釈が浮かび上がってくる。

　それに対して、例文(3)はどうだろうか。アイロンがけの結果、シャツがきれいになったという(2)と対比すると、(3)の不自然さが際立つけれども、たとえば、「サリーはアイロンがけが苦手だ」という情報を、話し手と聞き手が共有していたとすれば、公理違反は存在しない。ゆえに、言外の意味を模索

する必要なく、文字どおりの意味レベルで、発話解釈のプロセスは終了する。問題は、そのような情報が共有されていない場合である。つまりなぜシャツがしわくちゃなのか、その理由を考える必要が生じる。

　例文(4)では、さらに事情は複雑である。なぜなら、表面上、どう見ても公理違反はないため、あえて（「屋上でジャンプしただけ」と）種明かしされるまで、「ビルから飛び降りた」はただ一つ確かな解釈であり続け、それが（勝手な）推論に過ぎないことさえ、聞き手は気づかない、つまり意識にのぼることさえない、からである。10)

　このように、例文(1)はともかく、共有情報のない場合の例文(3)、さらに実は正解となるはずの解釈が、放っておくと聞き手の意識にものぼらない例文(4)は、Grice の言う公理からの逸脱が明々白々とは言い難い。それにもかかわらず、いずれも意図されたメッセージを正しく導き出すには推論に頼らざるを得ない。そして、推論に依存するがゆえに、聞き手が理解した（と思い込んだ）メッセージが、実は話し手の意図とは異なる（すなわち、(1)では、靴を売りに出したのは（幼子が亡くなったのではなく）「サイズを間違えて購入した」から、(3)では（アイロンがけが苦手なのではなく）「サリーが5歳児だ」から、(4)では（ビリーが飛び降り自殺したのではなくて）「屋上でジャンプしただけ」という）可能性をはらんでいる。この点は、Grice が定義する〈推意〉との共通点であり、本論では、公理違反の明白さの基準を緩め、(1)、(3)、(4)のような事例にも、議論のために、広義の〈推意〉が関わっているものとして扱うことにする。

アブダクション

　さて、そのような推論を考えるに当たっては、そのプロセスを起動させるトリガー（誘引）があると考えるのが自然である。11) Grice の言う明白な公理違反が、そのトリガーの典型と言える。たとえば(1)では、「量」の公理違反がトリガーとなって、「なぜ、売りに出されたベビーシューズが未使用な

のか」、あるいは「なぜ未使用のベビーシューズが売りに出されたのか」という問いへの答えを模索する作業、すなわち推論プロセスが始まる。一方、⑶では明白な公理違反は察知されないが、「アイロンがけの結果、シャツがしわくちゃになる」という、私たちの常識に反する情報が契機、すなわちトリガーとなって、「なぜアイロンをかけたワイシャツが、しわくちゃなのか」という問いへの答えの模索が始まる。さらに⑷では、高層ビルの屋上に行くことと、そこでジャンプすることの因果関係、つまり「なぜエンパイア・ステート・ビルの屋上でジャンプしたのか」という問いへの答えを（無意識のうちに）模索している。

　ここで、いずれのケースにも共通することは、実際に目の前にある事象をもとに、その原因・理由を探すための推論が関わっていることである。言い換えると、私たちは If H（（前件）原因・理由）、then C（（後件）結果）の図式を完成させたくなる。具体的には、以下において

(6)　(H) →「未使用のベビーシューズが売りに出される（C）」
(7)　(H) →「アイロンがけをすると、シャツがしわくちゃになる（C）」
(8)　(H) →「エンパイア・ステート・ビルの屋上でジャンプした（C）」

　それぞれ、(H) の内容を言い当てる（推論する）ことが求められる。つまり、論理式の後件（C）を根拠に、その前件（H）を代入する作業が必要となるのである。

　さて、このように、ある事象（C）に遭遇した際、それをもとに、一つの仮説（H）を立てる推論は、〈アブダクション〉（Abduction）（あるいは仮説的推論）と呼ばれる。[12] これは、科学的な発見など、画期的な発見をもたらす推論様式ともいわれ、たとえば、ニュートンの万有引力の発見がこの推論に負っている。

(9)　C：リンゴが木から落ちた（事象）

　　　<u>H：引力が働いているに違いない（仮説）</u>

　　　（H → C、あるいは（H ⊃ C））

　ニュートンの仮説は、後にその正しさが検証されたわけであるが、一般的には、あくまでも H は、観察した事象 C に基づく仮説に過ぎず、これが必ず正しいという保証はない。形式論理的にも、この推論は〈後件肯定の錯誤〉（Fallacy of affirming the consequent）[13] を犯しているとされ、引き出された結論（＝仮説）は、（そうでないことを示す）証拠を追加することで、いつでも破棄することができるのが特徴である。

　ところで、アブダクションは科学的発見に限らず、日常の生活にも盛んに現れる。[14] たとえば、「妻が不機嫌だ（C）」という事象から、「妻の誕生日プレゼントを忘れた（H）」（① C; ② H ⊃ C; ③∴ H）という仮説を立てるのもアブダクションにほかならない。この結論（仮説）は正しいかも知れないが、もしかすると「妻はただ歯が痛かった（から）」かも知れない。その場合、「妻の誕生日プレゼントを忘れた（から）」という結論（仮説）は破棄される。仮説であるがゆえに、このように結論は一つに定まることはなく、検証が行なわれるまで、その正しさを自信をもって主張することはできないわけである。

　先の例に戻るならば、(6)では「夫婦が幼子を亡くしたから」以外に、「靴のサイズを間違って買ったから」、(7)では「アイロンがけが下手だから」以外に、「5歳児がアイロンがけしたから」、(8)では「飛び降り自殺するため」以外に、「屋上で運動するため」という仮説を立てることが、それぞれ可能である。いずれも結論が不確定な（＝一つに絞り込めない）のは、依拠している推論様式がアブダクションだからである。

演繹的推論の落とし穴

　さて、発話の背景にある推意を読み解くために、本論ではアブダクション
の存在を提起しているが、これと対照的なのが、次のような演繹的推論であ
る。

(10)　If the party broke up late, then it was a success.（大前提）
　　　The party broke up late.　（小前提）
　　　∴ The party was a success.（結論）[15]

　すなわち、"X → Y" という前提に "X"（前件）という情報を放り込むこ
とで、∴ "Y"（後件）という結論を導き出す。先ほどのアブダクションが、
"Y"（後件）から "X"（前件）を仮説として導き出すのとは真逆の推論スタ
イルである。[16] アブダクションが〈後件肯定の錯誤〉を犯した正しくない
推論であるのに対して、演繹法は前提に誤りがなければ、必ず結論は「真」
となるゆえ、形式論理としては正しい推論とされる。

　実は、推意の問題を考える上で重要な Grice の貢献は、「あからさまな公
理違反がトリガーとなって推意を模索するプロセスが起動する」ことを指摘
した点にあって、肝心のプロセスがどのように機能しているかについて何も
語っていない。推論プロセスが、いわばブラックボックス化しているので
ある。その不備を補うのが、Sperber and Wilson の提案する〈関連性理論〉
(Relevance theory) で、それは演繹法に基づいて、この推論プロセスを説
明しようとする。たとえば、

(11)　Peter: Is George a good sailor?
　　　Mary: ALL the English are good sailors.

のメアリの発話の説明として、

(12)　All the English are good sailors.（大前提）

George is English.（小前提）

∴ George is a good sailor.（結論）[17]

　「A がイギリス人ならば、A は船酔いしない（If X, then Y）」に対して、「ジョージはイギリス人である（X）」というピーターとメアリの共有情報を掛け合わせることで、「ジョージは船酔いしない（Y）」が導き出される。Sperber and Wilson によれば、結論（Y）は（彼らの言う）〈推意〉であり、それはほかならぬ演繹法が生み出す言外の意味とされる。

　実は、前節で見たアブダクションの例も、これと同じ演繹法のプロセスに無理やり押し込むことができる。たとえば例(1)は次のようになる。

(13)　もし A が靴を売りに出したなら、A は幼子を亡くした。（大前提）

A は靴を売りに出した。（小前提）

∴　A は幼子を亡くした。（結論）

　アブダクションのはずだった思考の流れが、このように、いとも簡単に演繹法にすり替わってしまう。ところが、この説明の仕方は少なくとも次の二つの問題を抱えている。一つは、「靴を売りに出した」という情報をもとに、「幼子を亡くした」という意図されたメッセージ（つまり結論）を探し出すはずだったにもかかわらず、いつの間にか大前提の中に結論が含まれていること。もう一つは、「靴を売りに出した」という情報から一つだけの結論に絞り込めない、つまりこの事例では「靴のサイズが合わなかったから」という解釈も可能であるにもかかわらず、演繹法に依存した瞬間に他の結論（＝解釈）が排除されてしまうこと。[18] つまり、推意が生み出されるメカニズムを説明するために演繹法を用いることは、きわめて不適切なのである。[19] アブダクションではなく、演繹法に頼って推意を説明したくなるのは、まさにそれが論理的に正しいからであるが、逆にその論理的正当性が落

とし穴になってしまうことに注意しなければならない。

エンテュメーマ

　前節では、前提の中に結論がすでに含まれている演繹法は、（結果論としては正しいが）発話の解釈に至るプロセスを説明するには不適切で、いわば話者のメッセージの謎解きとしてのアブダクションの方がふさわしいことを見た。ここで、二つの推論様式を整理しておこう。

(14)　《演繹法》
　　　If_X, then Y　　　　（大前提）
　　　X　　　　　　　　　（小前提）
　　　∴ Y　　　　　　　　（結論）

(15)　《アブダクション》
　　　C（観察）
　　　If H, then C　　　　（仮説）
　　　∴ H　　　　　　　　（結論）

　推論の流れが相互に逆向きで（それゆえ、アブダクションは「逆は必ずしも真ならず」、つまり後件肯定の錯誤を犯しているので）はあるが、ともに〈三段論法〉（Syllogism）の形式をとっていることに、ここでは注目したい。

　それを踏まえて、トランプ大統領の次の発言を考えてみよう。

(16)　They've taken our jobs, they've taken our base, they've taken our money, and I love China, they get along great with me, I told you I have all these people, I do business with China, they agree with me. They can't —. [20]

　ポイントとなる「彼らは―できない」を（Y）、その（長い）前段「中国は我々の雇用を奪い、基地を奪い、金を奪ってきた。だが、私は中国が大好きだ。私は彼らとうまく付き合ってきた。私はああいう連中と、中国とビジネスをやっているし、彼らも私と同じ考えだ」（X）とすると、上記(14)と同じ三段論法に依拠している。ただ問題なのは、肝心の結論（Y）の部分が「彼らは―できない」という空白になっている点である。空白を埋める仕事は、聞き手に任せられている。先ほどの様式では、次のようになる。

(17)　If X, then ＿＿＿＿ (Y)　　　　（大前提）

　　　X　　　　　　　　　　　　　　（小前提）

　　　∴（Y）　　　　　　　　　　　（結論）

　さて、ここで興味深いのは、大前提（しかも、その一部）が不完全な形で提示されたとき、聞き手は三段論法のプロセスに従い空白を埋める、すなわち、ここではY（の部分を含む大前提）を完成しようとする。しかし、この作業自体、推論に過ぎないため、答えが一つに収斂する保証はない。実際、ある調査では、上のトランプ大統領の発話から、Yの解釈として次の2種類の推論が得られたという。21)

(18)　They can't believe how intellectually inferior we are.

(19)　There's no way they can disagree with him because of his working relationship with them.

　一人は「中国人には、われわれアメリカ人がこれほど劣っているとは信じられないだろう」と、別の一人は「仕事上の取引があるのだから、中国人はトランプ氏に反対できるはずがない」と推論した。つまり、同じ発話が三段論法の形式に流し込まれたところで、背景知識や思想信条の異なる聞き手が推論を介して不足する情報を補うため、その解釈は見事に分かれてしまうの

である。

　このように、発話の解釈が二つ以上存在すること、すなわち〈多義的〉（Ambiguous）であることは、コミュニケーションを円滑に遂行する上では、きわめて不都合なことと言える。しかし、その一方で、聞き手に解釈を委ねるような曖昧な物言いを意図的に採用し、相手に行間を読ませる行為は、言質を取られることなく相手を説得させたい話し手にとっては、この上なく都合のよい話法でもある。[22]　なぜなら、発話の解釈に聞き手を積極的に関わらせることで、（「話し手も自分と同じ前提で喋っている」という）ある種の共感を暗黙のうちに植え付け、他方、その内容に支障が生じたときには、（明示的には何も示していないのだから）「そんなことは何も言っていない」と責任を回避することができるからである。[23]

　トランプ大統領の例では、聞き手に小前提だけが伝えられ、肝心の大前提の一部と結論が不在となっている。このように、結論はもとより、三段論法を構成する前提（大前提・小前提）をわざと空白にして、聞き手に推論させる手法は、アリストテレスが〈エンテュメーマ〉（Enthymeme）と呼んだ重要な弁論術の一つなのである。[24]　これには、大前提、小前提、結論いずれかが欠如するタイプがあり、それぞれ第一次（First-order）、第二次（Second-order）、第三次（Third-order）エンテュメーマとして区別される。

(20)　First-order Enthymeme（大前提の不在）
　　　"Joe is liar, so Joe is a coward."
　　　大前提：＿＿＿＿＿＿＿
　　　小前提：Joe is a liar.
　　　結論：Joe is a coward.
　　　→回復された大前提：If X is a liar, then X is a coward.

(21)　Second-order Enthymeme（小前提の不在）

"Every liar is a coward, so Joe is a coward."

大前提：If X is a liar, then X is a coward.

小前提：＿＿＿＿＿＿

結論：Joe is a coward.

→回復された小前提：Joe is a liar.

(22)　Third-order Enthymeme（結論の不在）

"Every liar is a coward, and Joe is a liar."

大前提：If X is a liar, then X is a coward.

小前提：Joe is a liar.

結論：＿＿＿＿＿＿

→回復された結論：Joe is a coward.

　いずれも、発端となる文（発話）の字面を解釈するだけでは、話し手の意図するメッセージは伝わらず、三段論法に則って、聞き手が大前提、小前提、もしくは結論を補う作業が求められる。[25]

　エンテュメーマで気をつけなければならないことは、三段論法に従っているゆえに一見すると論理的に思えても、聞き手によって補われた情報が常に真とは限らない点である。たとえば、

(23)　大前提：＿＿＿＿＿＿

　　　小前提：X は熱がある。

　　　結論：X は病気である。

から導き出される大前提「もし X に熱があるならば、X は病気である」は（私たちの常識に照らし合わせて）真である。ところが、

(24)　大前提：＿＿＿＿＿＿

　　　　小前提：X は顔色が悪い。

　　　　結論：X は妊娠している。

からは「もし X の顔色が悪ければ、X は妊娠している」という大前提が同様に導き出せるものの、（顔色が悪い理由は、妊娠している以外にもあるので）これは偽である。[26]　先のトランプ大統領の例が始末に負えないのは、結論に直結する大前提の後件が抜け落ちているため、聞き手は結果として結論と大前提の後件の両方を補うという大きな負担が求められる点である。反対にそこでは、聞き手は自分の思想・信条に照らし合わせて、それをいかようにでも補う自由が認められるわけで、大前提に含まれる前件と後件の論理的必然性を考慮に入れる厳密さとは、もとより無縁の世界と言える。

エンテュメーマとアブダクション

　三段論法の大前提、小前提、結論のいずれかが欠けたものをエンテュメーマと呼ぶことがわかったところで、アブダクションに話を戻そう。アブダクションも一種の三段論法であり、大前提（If H, then C）の後件（C）を根拠として、前件（H）を推論（＝仮説形成）するとともに、同時にこれを結論とする推論スタイルであった。トランプ大統領の発話のように、大前提（If X, then Y）の前件（X）だけが与えられ、その後件であり結論でもある（Y）の両方が欠如し、それらを補おうとする推論手法をエンテュメーマと考えるならば、大前提に含まれる前件と、それと結びつく結論が欠如して、これら（要するに仮説）を補おうとするアブダクションも、一種のエンテュメーマと言える。その意味において、例文 (12) でも、すでに結論としての後件を含む大前提（If A is English, then <u>A is a good sailor</u>）に対して、ピーターとメアリの共有情報と考えられる小前提（大前提の前件）（George is English）を補充することによって、結論（George is a good sailor）が導き出されており、これもまたエンテュメーマの例にほかならない。[27]　考えてみれば、語用論で話題になる推論絡みの議論は、どこか欠けた部分を補うプロセスが関与しているわけで、すべてエンテュメーマの問題であるとも言えるだろ

う。

　さて、いましがた話題になった ⑿ のように、話し手と聞き手の共有情報
である小前提が省略される事例は、その情報を回復することが（推論と言え
るほど大掛かりなプロセスが介入しているとは考えられないほど）容易で、
エンテュメーマの理想像とも言える。しかし実際のアブダクションでは、(6)
〜(8)の例にあったように、発話の解釈で求められるのは、大前提における後
件（C）のみが提示され、そこから聞き手が仮説（If H, then C）、つまり大
前提そのものを構築すべく前件（H）の候補を探し出すことである。この場
合、H の内容は、話し手と聞き手の共有情報というよりも、話し手が常識、
いわば百科全書的知識を含むすべての情報を総動員してはじめて特定される
ものである。(6)の例でいうと、「未使用のベビーシューズが売りに出された
（C）のはなぜか」という問いから、「幼子を失った（H）」という答えを引き
出す、いわば推理のプロセスである。しかも、その答えが真である保証はど
こにもない。(6)では、「親が靴のサイズを誤って買ってしまった」の可能性
も排除できなかったことを思い出したい。

　アリストテレスが目指した弁論術としてのエンテュメーマとは、話し手が
聞き手を説得する手段として注目された話法である。したがって、省略され
た情報を回復するために聞き手に過度の負担を強いてはならない。効果的な
レトリックとして、すぐれたエンテュメーマとなり得るのは、聞き手がみ
ずから補うことのできる情報の省略なのだ。28) 補うことができるレベルの、
いわば匙加減が難しいところだが、すでに述べたように、うまくいけば、話
し手の論理展開に聞き手をも巻き込むことになり、それだけ聞き手の満足度
も高まる。しかし、時々刻々と展開される発話を処理することが求められる
日常の会話（談話）のレベルではどうだろうか。そこでは、一瞬たりとも立
ち止まることは許されず、相手を説得するのが目的である弁論という高度に
知的な作業と違って、かなりの即時性が求められる世界と言えよう。

直感型アブダクションとヒューリスティック

　一般にアブダクションとは、弁論術でいうエンテュメーマの問題として
処理することが可能だとはいえ、少なくとも本論で関心のある発話の解釈
に関わるアブダクションについては、即時性という要素が加わった時点で、
弁論術とまったく同列で扱うことはできそうにない。実際のところ、アブ
ダクションには二つのタイプがある。[29]　一つは〈熟慮型アブダクション〉
（Deliberate abduction）、もう一つは〈直感型アブダクション〉（Intuitive
abduction）である。前者は、先にも言及したニュートンの万有引力発見で
あったり、また探偵が残された手掛かりを頼りに犯人を割り出す謎解きで
あったり、因果関係の検証に値し、その検証に十分耐え得る推論プロセスで
ある。[30]　それに対して後者は、いちいち因果関係の検証を求められる間も
なく、まさにリアルタイムでテンポよくリアクションするときに作動する推
論プロセスと言える。直感型と言われる由縁である。

　さて、このように直感的なリアクションとしてのアブダクションの背
景には、どのような力が働いているか、本論の最後の問いとして考えて
みたい。たとえば、わかりやすい例として(3)では、「アイロンをかけたワ
イシャツが、（本来きれいになっているはずなのに）なぜしわくちゃなの
か」への答えを模索するケースを思い出そう。本来であれば、「衣類にア
イロンをかけるとシワが取れる」というのが私たちの常識である。別の言
葉で言えば、私たちの期待に沿ったシナリオのようなものである。これは、
Tversky and Kahneman の言葉を借りれば、〈代表性ヒューリスティック〉
（Representativeness heuristic）と呼ばれる。[31]　たとえば、「スティーブは
内気で引っ込み思案だが、相談にはいつでも乗ってくれる。他人のこと、世
間で起こっていることにはあまり関心がないが、いつも小綺麗にしていて物
腰が柔らか。秩序や型にこだわり、細かい点に気を遣う」という記述を与え
られた後、「スティーブの職業は次のどれでしょうか：農業従事者、セール
スマン、パイロット、図書館司書、内科医？」と尋ねられると、多くの人は

「図書館司書」と答えるという。論理的必然性はないが、人物記述が図書館
司書の代表的なイメージに合致するからである

　ちなみに、ヒューリスティックとは、「不完全なことが多いけれど、困難
な問題に対する適切な答えを見つけるのに役立つ単純な手続き」と定義され
る。[32] この（不完全な）単純さが、まさに直感的リアクションの原動力と
なる。アイロンがけの結果、シャツのシワが取れたならば、このヒューリス
ティックに従っているわけで、そのことさえ私たちの意識にはのぼらぬま
ま、解釈が進行する。ところが、アイロンをかけたにもかかわらず、逆に
シャツがしわくちゃになったとすれば、通常の解釈手続きが通用しない。こ
のことがトリガーとなって、私たちは発話の再解釈に向かう、つまり別のシ
ナリオを用意することが求められる。

　再解釈では、アイロンがけにまつわる私たちの一般的理解（代表性ヒュー
リスティック）が破棄され、自分が知っている個別の事例が検索される。再
び、Kahneman and Tversky の言葉を借りるならば、〈利用可能性ヒューリス
ティック〉（Availability heuristic）の出番である。このヒューリスティックは、
たとえば、英語で「r で始まる単語」と、「r が 3 番目にくる単語」のどちら
が多いと思うかを聞かれると、ほとんどの人が前者を選ぶとされるが、その
ときに使われる。それは、前者の方が後者よりも具体的な事例を思い出しや
すい、つまり私たちにとって利用可能性が高いからだ、と説明される。[33]

　アイロンがけの事例で利用可能なシナリオは、「世間にはアイロンがけの
苦手な大人もいる」である。ただし、繰り返しになるが、このシナリオに
よって形成される仮説は絶対的なものではない。たとえば、「一般に幼い子
供（5 歳児）はアイロンがけが苦手だ」のシナリオの方が妥当なケースもあ
り得る。どちらのシナリオが起動するかは、問題となる状況（文脈）で、話
し手にとって、あるいは話し手が属する文化の中で、どちらが利用可能性の
程度の高い情報なのかが鍵を握ることになる。

　いずれにしても、弁論術のそれとは異なり、発話解釈レベルでの空所補充、すなわちエンテュメーマは、アブダクションにほかならず、それは直感型の推論プロセスであるがゆえに、確度は低く、導き出される結果の正しさは保証されない（つまり取消可能だ）が、即時性の高いヒューリスティックに依存していると考えるのが妥当だろう。[34)]

まとめ

　Levinson（2000）は、通常は意識にのぼらないが、明らかに私たちが表現を解釈するときに利用していると思われるヒューリスティックを、〈I 推意〉（I-implicature）と〈M 推意〉（M-implicature）という用語でまとめている。[35)]

I 推意（膨らませ推意）

「言葉で表わされた内容は典型的な事例である。」[36)]

(25)　**John's book** is good.

　　　+> the one he read, wrote, borrowed as appropriate.

(26)　The blue **pyramid** is on the red cube.

　　　+> the blue pyramid is a stereotypical one.

　「ジョンの本」と言えば、彼が「読んだ本」、「書いた本」、あるいは「借りた」本のように、私たちが本に言及するときの典型的なイメージであって、おそらく彼が「盗んだ本」でも「枕として使った本」でもない。また、「ピラミッド」と言えば、例の四角錐のことで、通常は変形した構造物を指すと考える必要はない。これは、まさに〈代表性ヒューリスティック〉にほかならない。

M 推意（様式推意）

「普通でない言い方をされた内容は普通ではない。有標のメッセージは有

標の状況を示している。」[37]

⑵　Bill **caused** the car **to stop**.
　　⇨ He did so **indirectly**, **not in the normal way**, e.g., by use of emergency brake.
⑵　The corner of Sue's **lips turned slightly upward**.
　　⇨ Sue did**n't** exactly **smile**.

　例文からも明らかなように、この推意は表現の仕方に起因する。⑵の "cause ... to ... " には、より簡潔な "kill " が、また⑵の "lips turned slightly upward" にも、よりわかりやすい "smile" が存在する。簡潔な方は無標であり、典型的な状況を表わすために用意されていると考えると、複雑な方は有標の表現であり、それゆえ典型からの逸脱（典型的イメージを適用できないこと）が示唆される。⑵では、ビルが（足ブレーキではなく）「緊急ブレーキを使って車を止めた」、⑵では、スーの口元が（微笑みではなく）「微妙に歪んだ」という推意が前面に押し出される。[38]

　このように考えると、M推意もまた、I推意と同様に、典型的なイメージ、もしくはシナリオを基準にしているという点で、一般論であれば〈代表性ヒューリスティック〉、もしくは個別事例であれば〈利用可能性ヒューリスティック〉に準拠していると言える。仮に言語表現に限定せず、それ以外の記号論的活動を視野に入れる、いわば広い意味でのコミュニケーション活動を説明するとしよう。そのためには、Levinson のように活動の結果生じる言語情報としての推意のみに限定するよりも、その背後にある手順としてのヒューリスティックに焦点を当てて考えた方が、より一般性の高い議論になると思われる。

　その上で、語用論の主要テーマである推意について議論した本論のポイントをまとめると、

① Grice に始まる協調の原理とそれにまつわる 4 つの公理群への違反がトリガーとなり、推意算定のプロセスが起動する

② 起動したプロセスを結論（推意）へと導く推進力として、確度は低いが、いわば直感的・即時的に情報を処理する**ヒューリスティック**が関わっている

③ 関連性理論が強調する演繹的推論にもかかわらず、推意算定のプロセスとは、実際には論理的には正しくない（後件肯定の錯誤）とされる**アブダクション**である

④ アブダクションの要（かなめ）とも言える仮説形成は、アリストテレスの弁論術に現れる**エンテュメーマ**にも通底する。ただし、弁論術が聞き手の知性・熟慮に訴える高度な知的作業であると考えられるのに対して、日常レベルの仮説形成は、聞き手の常識・直感に頼る現実的な手続きである

　以上 4 点となる。発話解釈の即時性、直感性の基盤ともなるヒューリスティックを、多くの発話、あるいは広く意味伝達行為と紐付けること、言い換えれば、アブダクションと結びつけて考えることで、コミュニケーション研究の新たな眺望が開けてくるように思われる。

註

1）Wolf（2018:41）.

2）フラッシュ・フィクション（Flash fiction）の代表例とされる、この 6 語から成る作品はヘミングウェイによるものともされるが定かではないようだ。

3）西村（2005:31-2）. Bransford and Johnson（1973:389）にも同様の例が見える。The floor was dirty because Sally used the mop（サリーがモップを使ったので、床が汚れてしまった）. ここでも、「モップの使用が床をきれいにする（はずだ）」という期待が裏切られている。

4）千野（2017:121-122）.

5）Saul（2012:32-33）.

6）一つのまとまりある情報は、「物語」あるいは「シナリオ」によって導き出されると言ってよいかも知れない。

7）詳細については、Grice（1989:24-37）を参照のこと。公理違反が明確にわかる

ような発話を Grice は Flouting と呼んでいる。

8）Thomas（1995:63).

9）〈推意〉はあくまでも推論の産物であるがゆえに、絶対的なものではない。聞き手の勝手な解釈になり得るわけで、言外の意味は（「そんなことは言っていない！」と言って）話し手が取り消すことができる。これを〈取消可能性〉（Defeasibility）という。Thomas（1995:82-84）を参照のこと。

10）このような推論は〈デフォールト推論〉（Default inference）と呼ばれる。

11）何事もなければ、いわばオートパイロット・モードが機能しており、そのスィッチを切るのがトリガーの役目である。本論では、文字どおりの意味解釈プロセスが、オートパイロット・モードと言えよう。同様の考え方として、コミュニケーションのオートパイロット・モードを〈真理デフォールト〉（Truth-default）、すなわちコミュニケーションの大前提として「参与者はウソをつかない」に設定する Levine（2020:185 *et passim*）が参考になる。

12）米盛（2007:62).

13）よく言われる、「逆は必ずしも真ならず」のことである。

14）推理小説のように、残された物証（C）を手掛かりに、犯人を絞り出す（H）行為もアブダクションにほかならない。具体的な事例は、山本（2019）の第Ⅵ章を参照されたい。

15）Sperber and Wilson（1986/95:112).

16）形式論理として正当な演繹法とは真逆のプロセスを経るがゆえに、アブダクションは〈遡及推論〉（Retroduction）とも呼ばれる（米盛 2007:43）。

17）Wilson and Sperber（1994:98).

18）つまり、演繹法によることで結論を一刀両断に絞り込んでしまうという意味で、関連性の考え方は強すぎるのである。一方で、発話を解釈するに当たって、「人間が演繹法のような論理規則を適用するだけでなく、一人ひとりの聞き手が主観的なメンタル・モデルを構築・操作している」（Bara（2010:22））、すなわち幅広い推論を駆使してコミュニケーションに臨んでいると考えると、関連性の考え方は、反対に十分に強いとは言えないとの評価もある。

19）二つ目の問題点と重なるのが、推意の特性〈取消可能性〉である。推意が一種の仮説だと考えるならば、それが破棄される（＝取り消される）ことは当然あり得る。この特性を考慮に入れない関連性理論や、その背景にある演繹法が、推意の説明にとっては致命的な問題点をはらんでいるにもかかわらず、広く学問的に受け入れられる土壌については、山本（2020）を参照されたい。また、〈取消可能性〉については、Grice（1989:44-46）、Thomas（1995:82-84）を参照のこと。

20）"Trump is a —: White House hopeful plays fill-in-the-blanks with voters"（Reuters, February 17, 2016.）

21）ロイター通信が、トランプ大統領の発言の映像をニューヨーク市立大学ハンター校の学生に見せた。⒅は政治学と哲学を専攻する学生の、また⒆は政治学を専攻す

る学生の、それぞれ解釈である。典拠は註 20) と同じ。

22) 註 9) の〈取消可能性〉を参照のこと。

23) 途中で言葉を濁したり、曖昧な表現を多用したりするトランプ大統領の話しぶりは いい加減に聞こえるかも知れないが、実は周到に計算されたレトリックとも言われ る。詳しくは、註 20) の典拠を参照のこと。

24) アリストテレス「弁論術」pp. 23-49. エンテュメーマは「説得推論」とも訳され る。

25) ⑳〜㉒は、いずれも Madden (1952:373) からの引用。

26) Madden (1952:370).

27) 小前提が欠けている場合、この例のように、その情報が話し手と聞き手にとって 共有情報であること、あるいはすぐに共有情報だと聞き手にわかることが望まし い。ドリエウスが王冠ゲームで勝利したか否かを答える方法として、アリストテレ スがあげた「ドリエウスはオリンピックで勝利した」という発話と、その背後に潜 む「オリンピックは王冠ゲーム（の一つ）だ」という共有情報の例がそれに当たる (Aristotle (2018:9-10))。

28) Burnyeat (1994:23).

29) 山本 (2019:142-143).

30)「検証に耐え得る」とは、If H, then C の C（現象）に始まり、原因としての H （仮説）を形成（アブダクション）し、（科学的、あるいは経験的）検証の結果、最 終的には「If C, then H の形（演繹法）に還元し得る」とも言い換えられる。

31) Tversky and Kahneman (1974:1124).

32) Kahneman (2011:98).

33) この事例は、Tversky and Kahneman (1974:1127) による。また、Kahneman and Tversky (1972:451-2) も指摘するように、代表性ヒューリスティックは、事 象のもつ一般的特徴（Generic features）に基盤があるが、利用可能性ヒューリス ティックは、個別の事例（Particular instances）に焦点が置かれている。

34)〈直感型アブダクション〉とは対照的に、〈熟慮型アブダクション〉は、したがっ て、このようなヒューリスティックには従わない。探偵が謎解きをするとき、読者 が意表を突かれたと思うのは、探偵の推理手順が、素人の読者が依存するヒューリ スティックとはまったく異なる、より複雑で熟慮を要するものであるからである。

35) このほかに、〈Q 推意〉（Q-Implicature）もあるが、本論とは直接関係がないの で、ここでは割愛する。

36) Levinson (2000:37-8). 例文 ㉕、㉖ も同じ。

37) Levinson (2000:38-9). 例文 ㉗、㉘ も同じ。

38) もちろん、いずれも推意なので、（なぜ、そのような誤解を生む表現を選んだの かと責められるかも知れないが、）それを打ち消して、「ビルは普通に車を止めた」 とか、「スーは微笑んだのだ」と言うことは可能である。

第3章　フィクション（虚構）のはたらき

～推論の原動力を求めて～

世界はフィクションで成り立っている

　前章の冒頭で紹介した、世界最短の小説を思い出そう。

(1)　For sale: Baby shoes, never worn

（売ります、ベビーシューズ、未使用）

　これを読んだとき、私たちはいろいろな知識を動員して、この断片的メッセージに肉付けをして、一つのストーリーを完成する。ストーリーという、首尾一貫した形で与えられた情報を読み取ろうとするわけである。

　小説自体、基本的にフィクション（虚構）であるが、考えてみると、私たちは四六時中、このフィクションに囲まれて、というよりフィクションを紡ぎ出しながら、生活をしているといっても過言ではあるまい。

　たとえば、国家であれ、会社であれ、法律であれ、さらにはお金さえも存在しない。それらは私たちの「集団イマジネーション」(Collective/common imagination) の中だけにある (Harari (2015:457-)。フィクションのおもしろさは、それらが語られるだけではなく、皆が一様に信じる（価値を認める）ことによって成り立っている点である。[1]

　ここでは、自動車メーカーのトヨタを例に取ってみよう。2022 年度上半期における国内販売が 65 万 9534 台、海外販売が 403 万 9486 台だったという（2022 年 7 月 28 日発表）。しかし、マーケットに出回ったこれらの新車

は、トヨタの会社そのものではない。国内外にある工場、営業所、ショールーム、そこで働く従業員、秘書、会計士、あるいは会社の株主もまた、会社そのものではない。（実際にはそんなことはあり得ないわけだが）仮に自然災害で工場施設、従業員、株主を含む関係者が全員いなくなったとしても、裁判所で法的に解散が宣告されない限り、会社は存在する。つまり、会社は私たちの頭の中に、フィクション（＝ナラティブ＝物語）として存在するだけであって、物理的な存在物とは無関係なのである。[2]

噂話のパワー

　フィクションの代表は、キリスト教とその信仰を支える聖書である。しかし、これほど壮大なフィクションはほかにないだろう。なお、ここでは、後の議論にあわせてフィクション＝ナラティブと称することにする。

　おもしろいことに、後の時代の聖職者による権威づけとは裏腹に、キリストの教えが説く世界観（ナラティブ）は「物理学もなければ論理学もない。コスモロジーもなければ幾何学もない。世界が客観的に表わされることもない。文法や天文学、音楽は悪魔のものとされる。初期のキリスト教は無知の最たるもの」だったのである。[3]

　しかし、このナラティブは（ヒエログリフのような文字としてではなく）人々の口伝えによって伝播した。「人々を動かそうとするなら、定理を示すのではなく物語を語るべきなのだ」というドブレ（2001:162）の指摘どおり、それは（定理を支える）理性ではなく（物語が喚起する）感情によって、客観性というよりも主観性によって、そして理論よりも実践への関心によって、信奉者を増やしていったのである。

　そして、その過程で重要な役割を演じたのが、出来事を目撃したわけではないが、耳で聞いたことを証言するパウロのような証人たちであった。再びドブレ（2001:160）を引用するならば、「最もよく伝播する噂とは、検証不

可能な噂」が証人たちの口（ということは解釈）を介して広がっていく。この物語はある種の神話と言ってもいいわけだが、作者のわからない妄言（としての神話）と違って、実際にあった話として、証人があたかも署名を与えるかのように語り継ぐ。ただの神話に比べると、信憑性がはるかに高かったのである。

　しかし、この戦略（というものがあったのであれば）はきわめて巧みである。ナラティブに限らず、何であれ最初から闇雲に権威づけをしたところで、それが多くの人たちに受け入れられなければ何の意味もない。しかし、その逆のルートをとること、すなわち人々を導き広く受け入れられた（あるいは、受け入れさせた）後に、権威づけることで、そのものが生きながらえる可能性が高まる。今風に言うと、サステナビリティが高まるのである。[4]

ナラティブを支えるイマジネーション

　このような荒唐無稽とも言えるナラティブが世間に流布するのは、キリスト教に象徴される宗教だけではない。「人の噂も七十五日」という言い方もあるが、そういった噂レベルのナラティブが有効に共有されるコミュニティの人数は約150人とされる（Harari（2015:443））。ところが、証人を介するだけで、誰も直接的に見たわけでもないナラティブに支えられる宗教には、国境を越えて何千万、何億人という人間が共鳴し、それに従って行動する。これには感嘆するほかなかろう。

　このように、お互いに顔も知らなければ、話したことさえない集まりの堅固な結束力をもつようになる。これを可能にするのは、ハラリが「集団イマジネーション」と呼んだ、私たちの想像力である。イマジネーションは、単なるイメージではなくて、「Xは…にある」（所在）とか「Xは…である」（属性）といった記述とかを、意味的に首尾一貫した形へと紡ぎ上げることであり、だからこそ集団を束ねるほどの説得力をもつのであろう。

イマジネーションと象徴思考

　言語学では、いま（now）ここ（here）を表わすことを直示（Dexis）と呼ぶが、目の前にあるものを、いわば実況報告すること（つまりノンフィクション）は比較的に容易である。しかし、時空を超えたモノやコト（すなわちフィクション）を語ることは、私たちがいま考える以上に難しいことだったようである。つまり、人間が直示のレベルを越えるには、能力の大きな跳躍が必要だった。

　1939年にドイツのホーレンシュタイン山のシュターデル洞窟で見つかった彫刻の断片は、戦後の修復作業、さらには頭部の再構築を経て、ライオンマンと呼ばれる小立像であることが判明した。この像は、ライオンの頭部をもちながら、手足や背筋は人間そのものの形をしている。放射性炭素年代測定によると、これはヨーロッパの氷河期の終末期、今から4万年ほど前に作られたものと推定されている。[5]

　頭はライオン、身体は人間という、存在するはずのないものを模したこの小立像は、私たちの祖先が、いま（now）ここ（here）にあるモノの世界を越えて、あるいは実際に経験できる（狭い現実）世界を越えて、想像の世界へと跳躍したことを示している（MacGregor 2018:78）。

　想像の世界という、デジタル技術を手に入れた私たちにとっては当たり前の空間も、現生人類（ホモ・サピエンス）に先立つ、ネアンデルタール人にとっては遠く手の届かぬ存在であった。というのも彼らには言語を生み出す複雑な音声系さえもっていなかったとされるのだから。[6]

　生存のために必要最小限の情報を交換するために、単純な音声とその組合せを用いていま（now）ここ（here）にあるモノ・コトを伝え合うことはできたとしても、ライオンマンのように、ライオンの頭をもった人間、あるい

は人間の身体をもったライオンを生み出すには、あるものが別のものを表わ
す、つまり象徴するという知的操作が必要になるのである。象徴的思考の出
現である（中沢 2004:67）。

　象徴的思考とは何を意味するか。それは、いま（now）ここ（here）だけ
を語る制約から解き放たれ、時空を超えて、まったく新しい領域（イマジ
ネーション）の世界への出入りだけでなく、いくつもの領域に属するモノ
（コト）の往来までも可能にする能力の獲得を意味する。

　たとえば、ライオンという生き物は、目の前に現れる一頭を指す（い
ま・ここ）だけではなく、歯、牙、爪を備え、獲物めがけて走り回ること
のできる、人間にはかなわぬ生命力をもった生き物のイメージを喚起する
（MacGregor 2018:5）。いわば個の世界から種の世界へ跳躍することで、ラ
イオンは生命力を象徴するのである。

　象徴的思考が意味するのは、それだけではない。高度な技術を駆使して、
手間暇かけてマンモスの牙からライオンマンの小立像を作る背景には、ライ
オンに象徴される生命力を渇望する（一人ではなく）集団としての人間の営
みがあり、しかもその生命力を一人ひとりのメンバーが共感してやまない物
語（ナラティブ）が存在するはずなのだ。つまり、小立像は単に匠の技を競
う道楽の証ではなく、生存をかけて団結するコミュニティと、団結を強力に
促す神話、すなわちナラティブが存在していたことを私たちにうかがわせる
のである（MacGregor 2018:5）。

　MacGregor が言うように、（象徴的思考の結晶とも言える）物語（ナラ
ティブ）こそが社会そのものなのである（MacGregor 2018:xii）。[7]

　さらに大切なことは、中沢新一が指摘するように、象徴的思考が可能にす
る「喩え」とは、領域（カテゴリー）の異なるモノ（たとえば、「ライオン」

と「生命力」）を言語的に結びつける（重ね合わせる）、単純なプロセスというのではなく、むしろ頭の中に生起した関係性を言語化したときに出現した産物だという点である。この頭の中で生起するプロセスを中沢は「無意識」と呼ぶ（中沢 2004:67）。

　この無意識は、「ライオン」と「生命力」を結びつけるように、異なるモノを等価なものとみなすこと（A=B; A=〜A）に何の違和感ももたない。このことは後に触れることになるナラティブのもつ不確定性や流動性とも関係している。また、AとBというまったく異なるものを同じとみなすわけであるから、アリストテレス型の論理（矛盾律：Aかつ非Aでない）とも一線を画している点に注目しておきたい（中沢 2004:25-26）。

ナラティブと推論

　第1章では、コミュニケーションにはアブダクションをキーワードとする、いわば穴埋め作業が欠かせないことを見た。そして、そこには直感的・即時的に情報を処理するヒューリスティック（手順）が関わっている。この点について、もう少し詳しく考えてみよう。

アブダクション（Abductive inference）
　すでに述べたとおり、コミュニケーションを「謎解き」と考える背景には、次のような推論様式があるからだった。

(2)　C：　陸地のずっと内側で魚の化石が発見された。
　　　H：　おそらくこの一帯の陸地はかつて海であったに違いない。[8]

　HはCが引き金となった推論であるとともに、本来、陸地で見つかるはずのない化石が見つかったという「驚くべき事実（C）」を説明するために考えられたのが、「この一帯は海であったはずだ」という「説明仮説」でもある（米盛 2007:62）。これは〈仮説的推論〉（Abductive inference）、ある

いは〈アブダクション〉（Abduction）と呼ばれる形式の推論である。本書
では、これをアブダクションと呼んだ。簡単に定式化すると、以下のように
なる。

(3)　C　　　　　（驚くべき事実Cがある）
　　　H⊃C　　　（しかしHならば、Cである）
　　　∴ H　　　（よって、Hである）

　第1章の繰り返しになるが、これは演繹的推論の論理（1. A⊃B（も
しAならばB）；2. A（Aである）：3. ∴B（ゆえにBである）の手順
とは異なり、1. A⊃B（もしAならばB）；2. B（Bである）：3. ∴A
（ゆえにAである）という、〈後件肯定の錯誤〉（Fallacy of affirming the
consequent）を犯している。そのためにアブダクションは形式論理（演繹
法）の規則に違反しているとされる（米盛 2007:63）。

　この種の推論は「科学的発見」に貢献するとされるが、「結論（仮説）を
推測的に言明しているにすぎず、それは大いに間違う可能性のある論証力
の弱いタイプの推論」とも言われる（米盛 2007:61）。ここでは、完全に正
しいとは言えない推論という意味で、〈推意〉や〈擬似推意〉、そして〈デ
フォールト推論〉の議論を思い出したいところである。

　たとえば、「デフォールト推論」とは、次のような例である。

(4)　a. ドンという銃声に驚いて、鳥が逃げ出した
　　　b. 鳥は飛んで逃げたのだ

と（a）から（b）を推論する。このイメージは、ほぼ間違いないもので
あるが、100パーセント正しいという保証はない。たとえば、鳥といっても
ペンギンのように飛べない鳥だとしたら、歩いてその場を立ち去ったという

光景を想像しなければならない。とは言うものの、そのような例外的な情報が添えられない限り、「鳥が逃げ出した」と聞いて、「飛び去った」と考える（推論する）ことは十分に許される。このように、いわば百科全書的知識に基づき、ほぼ無意識的に結論が引き出される過程があって、これは「デフォールト推論」（Default inference）と呼ばれている。

　また、アブダクションの特徴でもある後件肯定の誤謬の例をもう少し見てみよう。

(5)　教え子が「大学に合格していたら伺います」と言っていた。
　　　お、来ているな。
　　　∴　教え子は受かったに違いない。

「もし学生が合格していたら、彼が訪れる」とは言っているが、形式論理的には、彼が訪れたからといって、合格したと断ずることはできない。実は、合格していない場合については言明していないので、受かっているとは限らない。反対に、来ているからといって「大学に合格している」と推論するのは、〈後件肯定の錯誤〉なのである。

　あるいは、
(6)　先生：80点以上の人は手を挙げて。
　　　太郎が手を挙げた。
　　　∴　太郎は80点以上だったのだ。

この場合も、80点未満の人については、手を挙げてもよいとも悪いとも言及していないわけで、論理的には手を挙げてもおかしくない。手を挙げたからといって「80点以上とった」と推論するのは、これまた〈後件肯定の錯誤〉である。

　しかし、常識的には「教え子は受かったに違いない」とか「太郎は80点以上だったのだ」と推論するのが人の常というものであって、これも〈言外の意味〉、すなわち推意の一種なのである。なので、合格していないのに生徒が訪ねてきたことをとらえて、あるいは80点以上得点していないのに生徒が手を挙げたことをとらえて、「それは話が違う」と誰かに責められたとしても、その生徒は「ボクは合格していない場合のことは何も言ってないよ」とか「先生は80点未満の生徒にどうしろとは何も言ってなかったよ」と言い返すことができる。先生からは「屁理屈言うな！」と咎められるかも知れないが、実は論理的には生徒の方が正しい。[9]　このように、常識と形式論理の間に齟齬ができる。騙しと欺瞞に焦点を当てた拙著（山本（2019））では、この齟齬に騙し（のレトリック）が忍び込む格好の隙間が生じることを指摘したのであった。

　このように、日常に私たちが論理的に（厳密に）言語を使用しているかというと、とうていそうとは言い難いのである。

「硬い」謎解き

　このように考えると、目前のエビデンス（因果の「果」）をもとに、その原因（因果の「因」）を推理するアブダクションとは、学問的には正しいとは言えないが、一方で探偵小説に代表されるミステリーの常套手段とも言える。いくつか、実例を見てみよう。

　4人組の強盗がテッド・デューダの家に押し入り、彼が所有する巨大なダイアモンドを手に入れようとする。口を割らないテッドに業を煮やした強盗はテッドに瀕死の重傷を負わせ、何も取らずに退散する。以下は、息も絶え絶えのテッドが、相棒のジョンに向けてタイプで打ったメッセージ（遺言）である。

(7)　John --- the four men tried to make me tell where I had hidden

the diamond. At first, they looked through the house, raving like
madmen. Then, in desperation, the barbarians split open **the cat**!
When all failed, they beat me, but I did not tell. I'm dying. The
diamond is hidden in **the vane**.

D. J. Sobol, "The Case of the Hidden Diamond" in *Two-minute
Mysteries.*

　なんと強盗はネコ（cat）をバラバラにしたという。しかし、ネコの死体
などどこにも見つからない。そして、ダイアモンドは風向計（vane）の中
に隠してあるというが、警察はそれを壊してみるものの何も出てこない。

　さて、このメッセージを読んだ、謎解き名人のハレジアン博士は「酒樽
（vat）が壊されていただろう」と言う。確かに酒樽がバラバラになっている
ことを聞いた博士は、それならば「ダイアモンドはステッキ（cane）の中
にあるはずだ」と予言する。結果として現れたメッセージを手掛かりにし
て、原因を推論する。まさにこれはアブダクションで、果たしてダイアモン
ドはステッキの中に隠されていたのである。

　さて、この謎解きの鍵を握っているのは、cat と vat、vane と cane の対
応関係である。博士は瀕死のテッドが正確にタイプを打てたはずがないと推
理した。タイプライターでＣとＶは隣り合わせになっていて、cat は vat の
打ち間違い、vane は cane の打ち間違いと推理した。

(8)　cat（ネコ）→ vat（酒樽）
　　　vane（風向計）→ cane（ステッキ）
この推理が見事に正解だったというわけである。

　ネコをバラバラにするという突飛なメッセージと、ダイアモンドを隠すに
はどう考えてもふさわしくない風向計に目をつけたら、そこからスペリング

ミスを疑うのは、それほど大きな論理の飛躍はないかも知れない。そして、タイプライターのキーはどの機種でも同じ文字配列なので、それ以上にややこしい推論プロセスを踏む必要がない。V⇄Cの交替は一意的対応関係だからである。博士がまず「酒樽（vat）が壊されていただろう」と問いかけたのは、V⇄Cの交替との推理が正しいか確認したのである。

　この推論プロセスを、次に見る文脈（場面）に依存する推論プロセスと比べると、いわばデジタル的な対応関係が問題になっていて、推論の道筋がかなり厳格と言える。ここでは、これを硬い謎解きと呼んでおきたい。

柔らかな謎解き
　上で見たような例は、推論とは言っても、たとえば言語学者・チョムスキーが考えるような、いわば構造生産能力（文法能力）のような硬いシステムに近いが、意味を軸とするコミュニケーションの分析の裾野には、もっと柔らかいシステムが広がっていると考えられる。

　次は場面（文脈）そのものが、私たちがミスコミュニケーションに気づくことを妨げている。つまり私たちを煙に巻いている例である。そこにあるのは、V⇄Cの交替のような硬い（一意対応）関係ではない。

(9)　（水瀬博士は精神分析療法を専門とする診療所を営む。女性はそこに来た患者。）
　水瀬博士：　お悩みごとは、どんな問題でしょう。
　女性：　さっきのお電話でお話ししましたけど、あたし、殺してしまったのですわ。
　水瀬博士：　ああ、そんなお話しでしたね。で、殺したのは、なんでしたでしょう。
　女性：　豚よ。
　（中略）

> 水瀬博士：　あなたは、ここへおいでになる気になられた。その決心の原因はなんでしょうか。
> 女性：　お電話でお話ししましたわ。犬よ。
> 水瀬博士：　（中略）　犬がどうなのですか？
> 女性：　犬に追いかけられているのよ。犬に。
> 　　星新一「暑い日の客」（『ノックの音が』所収　ここでは会話体に改変）

　豚を殺して犬に追いかけられているという奇想天外な状況は、通常はなかなか考えにくいが、そこは精神分析療法の診療所で患者が語ること。水瀬博士は職業柄、女性の話に合わせるし、私たち読者も診療所という文脈で話を理解してしまう。

　女性は事前に電話をしたことになっているが、水瀬博士の助手は留守をしていて、そのことを何も聞いていない博士は、身内の不手際を患者には知られないように調子を合わせる。実は、女性が事前に電話で接触したのは、隣で弁護士事務所を営む福岡だったのだ。

　電話をかけてきた女性が来なかったことを、別の用事で水瀬博士のところを訪ねた際に、福岡は次のように語る。

⑽　福岡：　なんでも、豚のようにいやらしい亭主を殺してしまったとか。大金を持って逃げたが、亭主の部下の、犬のように忠実な男に追いまわされているとも言っていたそうです。（中略）　しかし、いままで来ないところをみると、暑さでのたわごとなのでしょうな。

　つまり、女性は事前の電話で「豚＝亭主」、「犬＝亭主の部下」ということを打ち明けていて、（弁護士の福岡と勘違いして）水瀬博士の前では、それを踏まえて、いわば（その場限りのものではあるが）符牒で語っていたので

ある。

　おもしろいのは、いきなり「豚を殺して、犬に追いかけられている」と法律事務所（という文脈）で発言したら、弁護士も、そして読者の私たちも、ためらいなくその女性の精神状態を疑っただろう、という点である。精神分析療法の診療所（という文脈）が、私たちの解釈の幅を広げてしまい、結果としてミスコミュニケーションに気づかない仕組みになっている。

　柔らかい謎解きでは、硬い謎解きと違って、結果と原因の対応関係が一意的ではなく、結果から原因を推論する際に、文脈（場面）が重要な役割を演じている。「豚を殺して、犬に追いかけられている」という本来なら認めるはずのないメッセージが、何の抵抗もなく受け入れられてしまった背景には、繰り返しになるが、精神分析療法の診療所という文脈が大きく作用しているのである。

謎解きと首尾一貫性

　私たちは文脈（場面）に誘導されながら、それと整合するように、つまり首尾一貫するように（coherent）、発話の解釈を行なっているのである。[10]

　このことを確認するために、次のような談話を考えてみよう。

(11)　（和枝は和菓子屋「菊久月」の娘で店番をしている。キクはその客。）

　　キク：坪、どのくらいするの、この辺？

　　和枝：駅が近いせいで、ずいぶん高いようですわ。

　　キク：じゃあ、ここで商売しているだけでたいへんな財産ねぇ。

　　和枝：売るわけにもいきませんから。

　　キク：心丈夫よぉ。これだけのものをカミさんに残して死ぬなんて、気が利いてますよ。

　　和枝：はぁ？

　　　　　　　　　　　　　木下惠介アワー（1970）「あしたからの恋」

　直前で客のキクは、和枝の家（和菓子屋の店）の資産価値を話題にしているので、「（旦那が）これだけのものをカミさんに残して死んだ」の「旦那」とは、この家（店）の主人だと私たちは考える。不審に思った和枝の「はぁ？」という返答も、旦那＝この家の主人との解釈に由来する。彼女の父親でもある店の主人は健在なのだから。ドラマの冒頭でこのやり取りを見る視聴者も、主人が亡くなっているかに思えるメッセージに、一瞬戸惑う。キクの次の説明を聞いて、そういう意味ではなかったことを知って、やっと落ち着くのである。

　⑿　キク：いえね、お隣の旦那のことよ。

　よく考えてみると（そして英語と違って、代名詞が脱落する日本語では特に厄介なのだが）、このやり取りでは誰のカミさんなのかは明示されていないので、私たちは場面（文脈）に沿って、ここであり得る解釈を施しているに過ぎない。ここでは、その解釈として、私たちは半ば機械的に（デフォールトの解釈として）「お宅のカミさん」を導き出している。文脈に基づく、そのような機械的（デフォールト）解釈は、ほとんどの場合、それで通用するのだが、それは100％の確かさを保証はしておらず、ミスコミュニケーションのもとになることを、この例は象徴的に示していると言えるだろう。

アブダクションと意味解釈のショートカット
　言外の意味を理解するには、発話と文脈の相互関係を確認する必要がある。文字どおりの意味は、発話に含まれる語彙の（意味論的）意味を、文法の制約の中で特定していくことで、少なくとも中核になる部分の特定は可能である。たとえば、

　⒀　The policeman raised his hand and stopped the car.

　要するに、警官が手を挙げたことと車が止まったことがわかれば、文の解

釈としては十分である。そして、よほどの特殊な文脈を想定しない限り、それ以上の解釈を施す必要はない。私たちは意識していないが、さらなる解釈に導く推論作業、つまり柔らかい謎解きが、その時点で停止しているのである。

ところが、その・よ・ほ・ど・特・殊・な・文・脈がないわけではない。たとえば、この人物が、警官に変装しているスーパーマンだとしよう。彼は片手を挙げて、そのまま接近してくる車を、もう一方の手を使って力ずくで止めたのかも知れない。あるいは、警官は運転しながら片手を挙げて通りを歩く誰かに合図を送った上で、足でブレーキをかけて車を止めたのかも知れない。「警官が手を挙げて向かってくる車を止めた」という真っ当な解釈でなければ、それなりに文脈に整合する（特殊な）解釈を求めて、発話と文脈を行き来する推論作業（「どういう意図・意味なのか」）、つまり謎解きのプロセスが起動するのである。

日常のコミュニケーションでは、そのような特殊な解釈がいちいち求められることはほとんどないため、実際には推論プロセスが短縮されている（short-circuit）ことに気づきにくいだけである。

アブダクションと記号論

たとえば、直示表現（I, you, this, that など）が誰・何を指しているかを、私たちは場面の中で特定する作業をしている。また、照応表現（He, she, it, they）が誰・何を指しているかも、文脈の中で同じく特定する作業をしている。それぞれの表現は、場面・文脈における誰か・何か「の代わりをする」、あるいは誰か・何か「を象徴して」おり、私たちはそれを特定（解読）しているのである。次のエーコの定義を借りるならば、こういった表現も記号と考えて差し支えないだろう。

⒁　私は記号というものを、すでに成立している社会的慣習に基づいて<u>何</u>

　　か他のものの代わりをするものと解しうるすべてのものと定義するこ
　　とを提案したい。11)

　直示表現や照応表現に限らず、典型的には他の名詞も、同じように「代わ
りをする」または「象徴する」のがその役割であるから、基本的に記号であ
る。ただ、ここでは直示・照応表現は場面・文脈を参照してはじめて意味が
特定されることに注目したい。

　このような場面・依存型の記号は、もちろん言語以外のあらゆるものに適
用可能である。パースは、トルコで見かけた「天蓋」が記号の役割を演じて
いることに注目した。

⒂　私はかつてトルコ領のある港に上陸したことがあった。そして訪問す
　　ることになっている家まで歩いて行くうちに、馬に乗った人に出会っ
　　た。彼は四人の騎者に囲まれていて、その四人が彼の頭上に天蓋を
　　かかげていた。それほどの栄誉を得る人としてはその領域の総統ぐらい
　　しか考えつかなかったので、私はこれこそ、その人物だと推論した
　　（エーコ 2013:254 から引用）。

　つまり、頭上に天蓋をかざすという現象を一つの「結果（果）」と見て、
その原因（因）として、馬上の男を土地の総督であることを推理した。パー
スは、これを仮説的推論（アブダクション）と呼んだわけであるが、天蓋と
いう記号が契機となって、それを総督という属性に結びつける、いわばコ・
ー・ド・があることに気づいたと言ってもよい。

⒃　コード：　「天蓋」は「総督の地位」を象徴する

　後に触れることになるが、ある黒人男性がビバルディの曲を口笛で吹きな
がら夜の公園を歩いたら、以前は警戒していた通行人たちの態度が和らぎ、

挨拶する人まで出てきたというエピソードがある。誰もが知っているクラシック音楽のメロディーを口笛で吹くことが、一つの記号の役割を果たし、通りすがりの人たちは、「この人物は教養があって、けっして人に危害を加えたりしない」という意味を読み取った。[12]　つまり、仮説的推論（アブダクション）が働いたのである。

(17)　コード：　「ビバルディの曲の口笛」は「教養ある（他人に優しい）人」を象徴する

　先の天蓋の例が、その土地の文化に規定された記号であるのに対して、ビバルディの例は、文化というよりも、偏見（ステレオタイプ）に根ざしていて、場面（文脈）への依存度が高く、特殊でしかもかなりアドホックな事例にも思われる。これをコードと呼べるのか、かなり疑念を挟む余地がある。現に、エーコは次のように言う。

(18)　一度なされたアブダクションがその社会での習慣的な反射作用にならない限り、記号と認定するのは困難である。（エーコ 2013:256）

　しかし、社会的に習慣的な反射作用になることは、コードとしての固定化を意味するので、その段階でアブダクションは無用の長物と化す。推論をしなくても、そのコードに従えば意味はすでに特定できているのだから。

　したがって本論では、記号をもっと広い意味に解釈し、言語・非言語を問わず、アブダクションを誘発する、つまり解釈のための謎解きの契機となるもの全般を指すことにする。

ヒューリスティック再考
　先ほどの警官の例に戻ってみよう。

　私たちは、たとえば検問のために、「警官が手を挙げて車を止める」こと
を経験として知っている。反対に、そのような習慣・文化を共有しない人た
ちにとっては、同じ解釈をすることは難しいであろう。

　あるいは、ビバルディのメロディーの口笛も同じである。私たちは、ビバ
ルディの（たとえば）「四季」を愛して、それに耳を傾ける人は一定の教養
をもっていると考える。この場合も、そのメロディーを知らなければ、ある
いはメロディーとビバルディが頭の中でつながらなければ、何の意味ももた
ない。

　Kahneman（2011:20ff）によると、ほとんど反射的・機械的に作動するた
め、自発的にコントロールしていると私たちが意識することのない判断力を
「システム1」、反対に複雑な計算プロセスを起動させ、精神に負担のかかる
活動としての判断力を「システム2」と呼んで、両者を区別する。本書で扱
う、アブダクションが起動する謎解き作業は、システム1に属すると考えら
れる。これもまた反射的・機械的に作動するもので、特別な思考力を要求す
るものではなく、よほど特殊な文脈・場面を与えられない限り、ほぼ間違い
ないと考えてよいからである。

　Kahneman（2011:98）は、このシステム1の延長線上で「不完全ではあ
るが、難しい問題に対する適切な答えを見つける単純な手順」をヒューリ
スティックと呼ぶ。たとえば、「最近自分は幸せと言えるか」という問いよ
りも、「今の気分はどうか」という問いの方が答えやすい。前者では幸せ
（happiness）を定義しながら、筋道を立てて述べなければならない（システ
ム2）が、後者は利那的な感情を報告すればよい（システム1）。システム1
と結びつくのがヒューリスティックであり、言葉を置き換えると、反射的・
機械的な反応には概して、このヒューリスティックなるものが絡んでいると
考えてもよいだろう。

　ただ、（ヒューリスティックとしての）手順というと無機質な印象を与えてしまう。他方、警官の例にせよ、ビバルディの例にせよ、そこにはそのテーマに関係するストーリー（エピソード）のようなものが感じられる。つまり、

　　⒆　「警官とは…であり、…をする」
　　　　「ビバルディと言えば…である」
　　　　・・・・・・・・・・・

というような内容である。

　言語学的に規定してしまうと、それは命題（Proposition）と言えるかも知れないが、後からも述べるように、ここでイメージするストーリーとは、もっと（連想ゲームのように）変幻自在に発展・拡張が可能なものである。別の言い方をすれば、「物語」（の断片）である。ただ、そう言うと、いわば（日本語式に言うと）「起承転結」というまとまりが求められてしまうため、制約が強すぎる。反射的・機械的に想起されるので、基本的にもっと断片的なものである。そこで、命題や物語との差別化を図るために、ここで私たちは「（サイレント）ナラティブ」という言葉を使って、さまざまな例の説明を試みることにしたい。「サイレント」を冠するのは、よほどの理由がない限り、私たちの意識にはのぼらない、普通は意識下にある性質を表わすためである。

ナラティブとは

　一つの記号が一つの対象に結びつけられる（一意対応の）世界であれば、それを記述することは、きわめて単純な作業に違いない。しかし、たとえば、いわゆる「議論は戦いだ」（という概念メタファー）をベースにする

　　⒇　He **attacked** every weak point in my argument.

⑵　His criticisms were right **on target**.

⑵　I've never **won an argument** with him.

のようなメタファー、つまり物理的な攻撃・戦いになぞらえて議論を描写する例を見つけることがいくらでも可能なことを考えると、一意対応だけに依存する例を見つけることの方が難しい。実際のところ、西垣（1995:104）が言うように、

⑵　表層に現れる文の奥底に潜んでいるのは、「要素概念から組み立てられた、明確な原言語」ではない。深層意識がつくりあげる、多義的で、矛盾した、「言分けのダイナミック・スペース」

であり、（一意対応という）単純明快な図式にこだわると、メタファーはもとより、

⑵　地口、しゃれ、ナンセンス、アナグラムといったものの前で、もろくも崩壊してしまう（西垣 1995:104）

のである。

　メタファーにせよ、地口にせよ、ナンセンスにせよ、それはあるモノを別のモノに見立てる行為であり、その原動力は私たちの（自由な）イマジネーションである。決して同じモノではないはずのモノ同士を、共通項を見つけて結びつけるわけで、それは虚構でもある。フィクションなのである。このイマジネーション（虚構・フィクション）は、世界を描写するだけでなく、それを理解（認知）するときにも作用している。再び、西垣（1995:143-44）の言葉を借りるならば、

⑵　人間がものごとの〈意味〉を認知するときには常に〈イマジネーショ

ン〉が先行する。イマジネーションとは一種の〈虚構＝期待＝思い込み〉だから、コトバはかならずリアリティからずれてくる。いや、正確にいえば、そういう〈ズレ〉のネットワークを通してしか、我々は〈リアリティ〉という仮構を認識できない

のである。

　イマジネーションとは、一種の思い込みでもあるわけだから、それは単純なイメージとか図式ではなくて、「Ｘは…である（に違いない）」のような記述がふさわしいと言ってもよさそうである。

　「天蓋をかざされる人は、土地の有力者である」とか、「警官が手を挙げるのは、（検問で）進行してくる車を止めるためである」とか、「ビバルディの曲を口笛で吹く人は、教養ある人に違いない」とか、あくまでもアブダクションであるために、真偽のほどは明らかではない。しかし、真偽の強さには違いはあるものの、私たちが（おそらく）広く共有している断片的ナラティブであり、一種の思い込みに過ぎないのだ。繰り返しになるが、そこに明確な起承転結はなくてよい。先のメタファーに目を向け直すと、そこにも、たとえば「議論することは、戦いと同じだ」というナラティブと言ってもよいだろう。

　乱暴に聞こえるかも知れないが、イマジネーション（虚構・思い込み）という意味では、宗教でさえ壮大なナラティブである。宗教が広く人々に信仰されるのは、それが断片的なナラティブではなく、一つひとつの断片が入念に織り上げられ、首尾一貫した全体を構成しているからであろう。

ナラティブと意識

　起承転結をもたない、断片的なナラティブと言うと、きわめてアドホックな提案に聞こえるかも知れない。しかし、そもそも私たちの「意識」でさ

え、そのような断片的な要素によって構成されているとも言われる。Jaynes（1976:59-66）によると、意識とは次の6つの特性をもつ。

(26)　a.　空間化（Specialization）
　　　b.　**抜粋**（Excerption）
　　　c.　アナログの「私」（Analog "I"）
　　　d.　メタファーの「私」（Metaphor "me"）
　　　e.　**物語化**（Narratization）
　　　f.　**整合化**（Conciliation）

　私たちは周囲の何かを捉えようとするとき、頭の中で（イメージとして）それを空間の配置に置き換えようとする（空間化）。物理的なモノはもちろんのこと、これには抽象的なモノも含まれる。その最たる例は時間で、左から右への流れとして空間的に捉えようとする。

　そのような空間的定位の主体（主人公）となるのが、物理的な存在である「私」ではなくて、イメージとしての私（アナログの「私」）である。たとえば、森の中で道が分岐している場面を想像しよう。左への道を選んだときの眺望、右への道を選んだときの眺望、その二つを天秤にかけて道を選択しているのは、アナログの「私」にほかならない。そして、その森の中で散策するみずからの姿（メタファーの「私」）を通して、状況を把握しようともする。

　さて、状況把握のためのお膳立てができた次に大切なのが、状況をストーリーとして構成すること（**物語化**）である。自分が置かれた状況には理由・原因があるとともに、断片的なコトは他の断片的なコトと整合するようにストーリーが組まれる。前章で見た子供の靴の例を思い出すとよいだろう。

　このように断片をつなぎ合わせるところまでは現実的だが、状況全体を把

握するとなると話は別である。そのようなことは実際にやってはいないし、不可能である。たとえば、サーカスをイメージするとき、そこで起こっていることに悉く目配りして描写することはできそうもない。そうではなくて、たとえば空中ブランコの演技だとか、道化役者の演技といった、サーカスの一部に注目して、それを抜き出す（**抜粋**）のである。

　そして物語化や抜粋の作業をしながら、それを過去の経験やイメージ（図式）と重ね合わせる。[13]　ストーリーとして辻褄合わせ（**整合化**）を行なうのである。

　このように考えると、Jaynes（1976）が仮定する意識とは、アナログでありメタファーである「私」が虚構としての空間の中で、抜粋や調整を繰り返しながら物語を織り上げるプロセスとも言える。それは、刻一刻と変化しているから、一つのストーリーとして始めと終わりがあるわけではない。

　私たちが考えるナラティブもまた、起承転結はなく、その時その時の状況で注目されている X（話題）について、「X は…である」という断片が立ち上がり、注目が移動するにつれて、断片がモザイク模様のように入れ替わり立ち替わり現れる。謎解きとしてのアブダクションを成り立たせるのは、そのようなプロセスとしてのナラティブと考える。

　私たちは、意味の問題を、さらには広くコミュニケーションの問題を、このように一つのまとまり（モノ・コト）として理解しようとすることが一般的で、流動的な過程として捉えることが、特に学問の世界では苦手である。と言うか、それは忌避される。対象とするものが過程だとわかっていても、カメレオンのように刻一刻と色が変わるような流動性は都合が悪い。どうしても、一つに固定されたものと考えたいのだ。この流動性を回避したがる理由は、第Ⅱ部「理論の謎を解く」のテーマとして詳述することになる。

思い込み（虚構）とナラティブ

　意識の根源には、フィクションとしての「私」と、その視点から展開する
物語があるという。つまり、私たちは物語（ナラティブ）とともに生きてい
て、そこから離れることはできないのである。私たちは物語（ナラティブ）
のないところで語ることも理解することもできない。ここでは、ふだんは意
識にのぼることはないのだが、それが虚構としての思い込みであったことが
わかったときに、はじめてナラティブがそこに潜んでいたことに気づく例
を、いくつか考えてみよう。

獲物を狙うタカ

　ワシントン州、ニューディール政策で建設されたダムのてっぺんに一羽の
タカが止まっている。ダムの由来を聞いたときに、不完全ではあれ、「世界
大恐慌のおりに、雇用を創出し不況を克服する目的で、当時のルーズベルト
大統領が打ち出した政策により、このダムは建設された」という手短な知
識、断片的なナラティブが頭に浮かぶ。一方で、ダムのてっぺんに止まって
いる一羽のタカを見た瞬間、私たちは「タカが高い位置から獲物を捕まえよ
うと虎視眈々と水面を見下ろしている」という別の手短なシナリオ（ナラ
ティブ）が、この知識にとって代わって、意識下でスポットライトを浴び
る。

　一方でコロンビア川に建設されたダムに、他方でタカにそれぞれ触発され
た情報やシナリオをもとに、私たちは自分の置かれた状況を解釈しようとす
る。繰り返すが、これをナラティブ（あるいは、意識の中に潜在するゆえ、
サイレント・ナラティブ）と呼んで、議論を進めていくわけである。

　こういったナラティブは自分が置かれた状況を理解するのに便利である。
しかし、他方で強い思い込みとして、私たちの正しい理解を妨げることもあ
る。たとえば、ダムのてっぺんに止まっている一羽のタカは、ナラティブの

中では本物のタカが獲物を狙っているという筋書きのはずである。しかし、目を凝らして見ると、これは微動だにしない、作り物なのである。ちょうど、案山子が田んぼを荒らす鳥獣を脅すために立っているように、このタカは観察・調査のためダム内に回流してくるよう導かれたサーモンの群れを狙うオスプレーを退治するために置かれたものなのだ。ダムを訪れる客は、一様にこのタカにカメラを向けるのであるが、やがて誰もが「騙された」ことに気づくのである。

　実は誰も騙そうとしてタカを置いているのではない。私たちの潜在的な思い込みとしての（蓄積された経験や知識から構成される）ナラティブがそうさせるのである。

外科医のジレンマ

　父親とその息子がドライブ中に大事故に巻き込まれ、父親は即死、息子も瀕死の重症で、救急車で病院に搬送される。手術室に入ってきた外科医がその男の子を見て、「ダメ、手術できない、うちの息子だ」と言った。

　このエピソードを聞いたとき、違和感を覚えたとしたら、少年の父親が事故で即死したという情報と、少年の父親と思しき外科医が手術室に現れるというイメージが衝突するからである。このイメージとは、白衣を着た（おそらく高齢ではない）働き盛りの男性の（おそらく眼光鋭い）医者がさっそうと手術室に入ってくる光景ではないか。

　つまり、外科医＝白衣＝男性＝一定の年齢（外科医は細かい作業を要求され耐久力が要るので高齢者には務まらない）から構成されるナラティブが瞬時に（自動的に）私たちの脳裏をかすめるのである。

　瞬時の判断としては十分な内容だ。しかし落ち着いて考えると、外科医が男性である必然性はないことに気がつく。これは、いわばバイアスと呼ばれ

るもので、瞬時の判断や言動に現れがちである。単純にはイメージのような
ものであるが、もう少し場面や属性に関する情報を含むものとして、「外科
医とは…である」のような情報である。ここにもナラティブが潜んでいる。

注文の多い料理店

　誰もが知っている宮沢賢治の短編のタイトルもまた、読者の頭の中にナラ
ティブを起動させる。

　山奥で腹をすかせた二人の紳士が西洋料理店「山猫軒」を見つける。入口
には「どなたもどうかお入りください。決してご遠慮はありません」と書い
てあり、二人は喜び勇んで中へと入っていく。ところが、中では扉が幾重に
も待ち構えていて、次々にメッセージが現れる。

⑵7　「ことに肥ったお方や若いお方は、大歓迎いたします」
　　「当軒は注文の多い料理店ですからどうかそこはご承知ください」
　　「注文はずいぶん多いでしょうがどうか一々こらえて下さい」
　　「お客さまがた、ここで髪をきちんとして、それからはきもの
　　　の泥を落してください」「鉄砲と弾丸をここへ置いてください」
　　「どうか帽子と外套と靴をおとり下さい」
　　「ネクタイピン、カフスボタン、眼鏡、財布、その他金物類、
　　　ことに尖ったものは、みんなここに置いてください」
　　「壺のなかのクリームを顔や手足にすっかり塗ってください」
　　「クリームをよく塗りましたか、耳にもよく塗りましたか」

　一つひとつのメッセージを二人は解釈していく。山の中とは言え、注文の
多い料理店は、どうやら繁盛していて、しかもお偉い人が客として訪れてい
るようで、店主の心配りも細やかであると。しかし、だんだん雲行きは怪し
くなる。

⑵⒏　「料理はもうすぐできます。

　　　十五分とお待たせはいたしません。

　　　すぐたべられます。

　　　早くあなたの頭に瓶の中の香水をよく振りかけてください」

　　　「いろいろ注文が多くてうるさかったでしょう。お気の毒でした。

　　　もうこれだけです。どうかからだ中に、壺の中の塩をたくさん

　　　よくもみ込んでください」

　客からの注文ではなくて、店からの注文が多いことだ、「騙された！」と
二人は気づいたものの、「時すでに遅し」。

　考えてみると、「注文の多い料理店」と聞いたとき、誰もが二人の紳士と
同じ理解をしたはずである。「注文の多い料理店とは客足が絶えず繁盛して
いて料理の味もよいに違いない」と。間違っても、店側から客に注文が出さ
れるなどとは、夢にも思わない。論理的には、注文の主体は客であっても店
であっても構わないわけだが、私たちの頭には、客を主体とする解釈、つま
り一種のナラティブがまず浮かぶ（し、それが唯一の選択肢な）のである。

ネコの語り

　次は、ジェフリー・アーチャーの短編集から「気のおけない友達」の抜粋
である。一人称の「わたし」が（どうやら恋人の）ロジャーと出会う様子を
次のように説明する。

⑵⒐　わたしがロジャーとはじめてあった場所は、マフェキング・ロードの
　　　角にあるパブ《キャット・アンド・ホイッスル》だった。そこはいわ
　　　ばわたしたちの地元の飲み屋だった。

　ロジャーはマドレーヌという名前のブロンド女性と付き合っていたようだ
が、ある日、二人は喧嘩をして、マドレーヌが飲み屋から憤然と出ていく。

そこで「わたし」の語りが始まる。

 ⑶0　彼女の退場はわたしの登場の合図だった。わたしはカウンターの内側
   からほとんどとびださんばかりにして、はしたなくない程度にできる
   だけ急ぎ、数秒後には彼の隣の空いたスツールに坐っていた。

 しかも、冒頭では、

 ⑶1　わたしは彼より先に、少し淫らな気分で目をさましたが、それをどう
   することもできないことを知っていた

とある。どうやら、「わたし」とロジャーは、彼のアパートで同棲している
ようなのだ。

 私たちは、一人称の語りを読む（聞く）とき、当然のこととして、その語
り手が人間であり、彼（女）の目を通して、さまざまな出来事が描写されて
いるのだと思う。それが、語りに関する通常のお約束だからである。さて、
一人称の語りとして「人間の女性が語り手である」という情報がきっかけと
なって、話の展開とともに、読者の頭の中には「その女性は居酒屋に出入り
し」ていて、「ロジャーと同棲生活を送っている」などなどの情報が追加さ
れていく。ところが、やがて次のようなクライマックスが現れる。

 「ああ、きたか、きたか」と、彼はにこにこしながら話しかけた。わたし
は彼にすりよって期待にみちた目で見あげた。彼はかがんでわたしのボウル
を押してよこした。わたしはしあわせそうに尻尾を振りながらミルクを舐め
はじめた。わたしたちが怒ったときだけ尻尾を振るというのは、人間の思い
ちがいである。

 なんと語り手はネコだったのである。

　そのことがわかった上で、読み返すと、あちらこちらにネコをほのめかす記述がある。ロジャーとの出会いで、「カウンターの内側からほとんどとびだださんばかり」とは、文字どおり飛び出したのだろうし、そもそもパブの店名も《キャット・アンド・ホイッスル》だった。

　「してやられた！」、「騙された！」と読者が思うのは、「物語の語り手は人間だ」というナラティブが、私たちの潜在意識の中に眠っているからである。[14]

　思い込みであったり、偏見であったり、お決まりの約束事であったり、特別な事情がなければ、そのまま見逃されてしまうような情報を、ここではナラティブと呼ぶ。しかも、たいていの場合、私たちはそのことに気づかない。上で見たような状況は特殊な場合であって、そのときだけ意識にのぼってくる。ふだんは私たちの意識の底で眠っていて自己主張することがない。その意味で、私たちはこれをサイレント・ナラティブと呼ぶのである。

註

1）「フィクション」ともいうし、「社会的構築物」（Social Constructs）、「想像上のリアリティ」（Imagined Realities）とも言われる（Harari 2015:534）。
2）Harari（2015:481）ではフランスの自動車メーカー・プジョーを例にしているが、話のポイントは同じまま、ここではトヨタに置き換えてみた。
3）レジス・ドブレ（2001:158）.
4）独裁国家が独裁または世襲を継続するためには権威づけが必要である。その正当性を訴える原動力もまた、大概が荒唐無稽なナラティブにある点に注目したい。
5）MacGregor（2018:4）.
6）中沢（2004:66-67）.
7）Harari（2015）の参照のこと。
8）米盛（2007）「アブダクション：仮説と発見の論理」東京：勁草書房、p. 54。
9）市川（1997）.
10）Eco（2011:38）が「テクストの中での守備位一貫性」（internal textual coherence）と呼んでいるものの、談話版と考えてよいだろう。

11）エーコ（2013:44）．下線部は筆者。

12）Steel（2010:6）．

13）まさに、すでに確立したイメージ（図式）との重ね合わせから意味が生成され・理解されることを指摘したのが、拙著（2002）であった。

14）ちなみに、ジェフリー・アーチャーのこの短編を集めた本の邦題は「12 の意外な結末」である。オリジナルは *A Twist in the Tale*（物語のどんでん返し）。Tale（物語）は Tail（尻尾）でもあり、Twist は「どんでん返し」でもあり、「（尻尾の）ねじれ」でもある。アーチャーらしいウィットが楽しくもある。

第4章　サイレント・ナラティブとは

～その学問的意義を考える～

フィクションからナラティブへ

　私たちが言語（記号）を使う際に背景にあるものの、あえてそのことを指摘されるまではそうとは認識しない情報を、本論ではサイレント・ナラティブと呼ぶことにした。それを「サイレント」と称するのは、すでに述べたように、必要になるまで意識にのぼらない、まさに「物言わぬ」情報だからである。一方、「ナラティブ」と称するものの、それはハラリの言う「フィクション」（あるいは、Social Constructs, Imagined Realities）と本質的なところは変わらない。ただ、フィクションと呼んでしまうと、どこか作為的な印象を与えてしまうし、必ずしも架空の話に限定されない、むしろノンフィクション的なものもカバーできることを意図している。

　ナラティブ（物語性）とフィクション（虚構性）とが並び称せられることがあるものの、それは別個のものであり、両者が互いに結びついてその力を大いに発揮するという言及もある。1) ロール・ライアンによると、これに文学性という属性も加えたとき、その組合せには次の8種があるという。

　1［＋文学性］［＋物語性］［＋虚構性］
　2［＋文学性］［＋物語性］［－虚構性］
　3［＋文学性］［－物語性］［＋虚構性］
　4［＋文学性］［－物語性］［－虚構性］
　5［－文学性］［＋物語性］［＋虚構性］
　6［－文学性］［＋物語性］［－虚構性］
　7［－文学性］［－物語性］［＋虚構性］
　8［－文学性］［－物語性］［－虚構性］

（ライアン（2006:16-17））

　属性のマトリックスを使って、さまざまなテクストを分析・整理しようという試みは、アカデミックな世界では常套手段であり、確かにわかりやすい。たとえば、日本の童話「桃太郎」などは、さしあたり1に分類されるのだろう。またライアンが引用する、これに似た次の例はおもしろい。

　むかしむかし、ルンペルシュティルツヒェンという男がいました。この男は藁を黄金に変えることができました。片手間でしたが、けっこうなお金になりました。ある日彼は、糸車と藁と黄金をかかえて旅に出ました。なんということでしょう、ルンペルシュティルツヒェンは岡から転がり落ちてしまったのです。黄金も転がり落ちて－そして魔法をかけられた蛙の口の中に飛び込んでしまいました。蛙は魔法によって、わが国最大のバンクシステム、ファースト・インターステート・バンクのゴールド・バンガードになりましたとさ。

　文学性のある1かと思って読んでいると、最後にどんでん返しがあって、どうやら文学性を欠く5に分類されるべき広告というジャンルらしい。だから、この広告は1を下敷きにしたパロディーだとわかるのだ。

　私たちがこれをどうして「どんでん返し」だと思うのか。それは、「むかしむかし」で始まり、「〜になりましたとさ」で終わる昔話にお決まりのパターンに沿っているからである。もちろん、いずれもれっきとした物語であるから、始めと終わりの間には、意味的に首尾一貫した（coherent）お話が展開している。

　しかし、本書でナラティブと呼ぶテクストは、そのような定型に必ずしも収まるものではない代物を想定している。理由は後で述べることになるが、もっと曖昧模糊としたもの、融通無碍なものである。だから、ライアンが提

案する、学問的には正当な（いわば）8つの堅固な枠組みに固定してしまうことが難しい。もっと外に開かれた系なのである。

開かれた系としてのナラティブ

文化的価値観

　たとえば、もう50年以上前によく耳にした「大きいことはいいことだ」という（森永製菓の）コマーシャル・メッセージを使って考えてみよう。これは、その頃登場した通常よりも大きいサイズのチョコレートの宣伝文句である。

　このメッセージが受け入れられた背景には当時の価値観がある。まさに高度経済成長の真っ只中にあっては、大きいこと、そして大量にモノを消費することが、疑いを差し挟む余地のない「善」だったのである。今日のように、日常の合言葉のごとくSDGsが話題になる世の中では、眉をひそめる人も多いだろうし、そもそも何が言いたいのかわからない、つまり価値観を共有できないという人も数多（あまた）いるだろう。

　考えてみると、「大きいことはいいことだ」によって喚起される、あるいはそれに集約されるメッセージ群がほかにもあって、それには「大量消費はいいことだ」とか、「便利を追求することはよいことだ」とか、当時の価値観を反映するものも含まれていたはずである。たかだか一本のコマーシャル・メッセージが世間を席巻するほどの勢いを得たのは、大量消費、便利追求などといった、私たちに快感をもたらす当時の価値観と合致したからである。

　さらに、連想ゲームよろしく、大量消費や便利追求からは、たとえば電化製品とかインスタント食品とか、当時流行り始めていた商品（名辞）と、それが思い起こさせる記述（述語）が「○は××だ・△△する」の形で喚起される。それらはライアンが言うような、読者に首尾一貫したまとまりのある

メッセージを伝えるものではなくて、個々の断片が相互に弱くつながっている。限界点がはっきりしない、周辺部はぼやけたような集合体である。そういった核になるところは見えているが、全体としては曖昧模糊としたメッセージ群が、ここで言うサイレント・ナラティブなのである。厳密な意味での真偽は問題にならないし、昔話のような起承転結が要求されるわけではない。それにもかかわらず、必要に応じて私たちの言動の規範となる価値観・世界観を構成している。[2)]

色と偏見

　ナラティブに関して、色にまつわる例を見ておこう。写真は、雑誌 *Time* の 1991 年 6 月号の表紙である。このときの特集は The Nature of Evil、副題は Does it exist or do bad things just happen? だった。記事内容はともかくとして、問題は表紙が一面の黒色で染め抜かれている点である。確かに、黒色は暗黒の闇を連想させることが多いが、悪を特集する記事のトップに黒色を配置すると、"Evil is black"（邪悪は黒だ）、あるいは "Black is evil"（黒は邪悪だ）と暗に言っているようなものである。

（*Time* magazine, June 10, 1991）

　筆者の記憶では、数号後の Letters to the Editor（投書欄）に、黒色に対する偏見を批判する投書が寄せられていた。確かに、表紙をデザインした人

には他意はなかったかも知れないが、その人の（サイレント）ナラティブには、「黒は悪を象徴する」という一文があったことが見え隠れしている。また、批判の投書を寄せた読者の（サイレント）ナラティブには、「黒は黒人を象徴する」という一文もあったに違いない。ここだけを見ると、両者のナラティブは一致していないが、一般的に「黒」という色が喚起する物語、あるいは「悪」という概念が喚起する物語のどこかに、その一文が含まれているに違いない。そうでなければ、第三者である筆者が、このやり取りの問題の所在さえ理解できなかったはずだからである。

人種と偏見

　上のエピソードでは、邪悪（evil）に関するナラティブに黒色が結びつけられ、さらに読者は黒色を黒人に結びつけ、「黒色は邪悪である」、「黒人は邪悪である」のような情報が喚起されていた。これだけだと、ナラティブの名にも値しない、単なる命題に過ぎないようにも見えるが、「邪悪」、「黒色」、「黒人」が契機となって、ほかにもさまざまな偏見を含む情報へと展開する可能性を秘めている。

　偏見と言えば、C. M. Steele（2010）が引用するアフリカ系アメリカ人の男性ブレント・ステイプルのエピソードに触れておきたい。ある日、大学院生だった彼は、カジュアルな服装でハイドパーク周辺を散歩しながら、通りかかる人に笑顔で声をかけた。すると、通行人は相棒との話をピタリとやめてしまったり、互いに手をしっかり握り合ったり、ブレントとは目が合わないように視線を逸らせたりするのだった。言語化はされないが、それはいずれも相手を怪しむ、そして自分を守ろうとする警戒の合図である。ブレントはこの合図を「恐怖を示す言語（language of fear）」と呼び、いつの間にか自分はそれを察知する「専門家」になったのだと自嘲気味に語る。周囲の人たちの行動の背後には、「アフリカ系アメリカ人は脅威だ」という偏見（否定的な）メッセージが潜んでいたのだ。[3]

　ひどく傷つき、散歩することにさえ緊張を覚えるブレントは、その気持ち
を紛らわすために、あるときビバルディの四季やビートルズの曲など、誰も
が知っている曲の口笛を吹きながら歩いた。すると、驚いたことに周囲の人
たちの凍りついた表情が和み、微笑みかけてくる人さえいたと言うのだ。つ
まり、黒人であることの否定的なメッセージが、「ビバルディやビートルズ
の音楽を知っている人間は悪い人ではない」という好意的なメッセージに置
き換わったのである。

　おそらく、そこに至るにはもっと別のメッセージも潜んでいるはずであ
る。「ビバルディ（に代表されるクラシック音楽）やビートルズを知ってい
る人は、一定の知的レベルを有する」、「一定（以上）の知的レベルを有する
人はインテリだ」、「インテリは暴力を振るわない」など。つまり、「悪い人
ではない」との結論へは、そのような推論を介さないと到達しないと考えら
れる。単純明快（単一の命題）に思われるメッセージの背後にも、そのよう
な（場合によっては無数の）推論や前提となる情報がぶら下がっている。ナ
ラティブというコトバを採用する背景には、そのような事情がある。

根拠のないメッセージ

偏見・ドグマ

　辞書で「偏見」の項を調べると、次のような定義が見える。

　ある集団や個人に対して、客観的な根拠なしにいだかれる非好意的な先入
観や判断。

『大辞泉 ［第二版］』小学館、傍点筆者

　そして、そういう画一的なモノの見方は、ふだんは私たちの意識の底に沈
み込んでいて自己主張しない（つまり、サイレントだ）が、何かのきっかけ
で言語もしくは他の表現媒体を介して表に現れる。世間で問題となる偏見と
はそういうものであろう。

「黒」や「悪（である）」にまつわる知識や信念はサイレント・ナラティブとして、私たちの意識の中に潜在していて、上で紹介したエピソードでは、そのうちの「黒は悪である」が顕在化したと考えられる。「悪」を特集する号の表紙デザインをした人間、そして表紙を黒一色にすることを認めた *TIME* 誌は、図らずもサイレント・ナラティブを（言葉ではなく）ヴィジュアルな形で顕在化させてしまったのだと言える。

　客観的な根拠なしに画一的な見方をするという意味では、宗教的ドグマも偏見に似ている。[4)] ただ、その見方が集団や個人に対して（一般的には）攻撃的に向かうのではなくて、崇拝する対象に好意的に向かう点が、偏見とは大きく異なる点であろう。しかし、これもまた、ふだんは私たちの意識の底に深く沈み込んでいて、何かがきっかけとなって、言語的あるいは非言語的な形で顕在化する。ドグマもサイレント・ナラティブと呼んで差し支えないだろう。

政治プロパガンダとナラティブ

　先に見たコマーシャル・メッセージは商品の販売を促進するための宣伝である。同じ宣伝でも、「商品の販売促進」を「（政治的）思想の流布拡大」に置き換えると、これはプロパガンダと化す。もちろん、前者は消費者を購買に向かわせるために、比較的に正確かつ適切な情報が盛り込まれる。さもなければ、それは誇大広告になって情報の送り手が批判の矢面に立たされるから。一方、プロパガンダは、「国民のため、国家のため」という大義名分のもと、かなりいかがわしい情報が闊歩するのが常である。

　たとえば、ベトナム戦で形勢がますます不利な状況に傾く中、当時のジョンソン大統領は「北ベトナムの哨戒艇がトンキン湾でアメリカの駆逐艦マドックスに突然攻撃を仕掛けた」として、北ベトナムへの戦闘を激化させ戦況を好転させること、さらには東南アジアで大規模な戦争を行なうことに消極的だったアメリカ国民に火をつけること、この二つに成功したとされ

る。[5]

　当時の世界情勢は、「共産圏は悪である」というイデオロギーが、広く（少なくともアメリカでは）流布されていた。「国家の戦略は、国民のため、国家のため、世界のためになる」というナラティブが多くの人たちに共有されていたのだ。

　しかし後になって、どうやら北ベトナムによる攻撃は実際にはなかった、というか攻撃を仕掛けたのは米側（マドックス）であったのではないか。また、湾内では以前から北ベトナムと南ベトナムの間では小競り合いが繰り返されていて、「不意打ちをかけられた」という言い方は少なくとも不適切であったこと、その２点が明らかになっている。

　にもかかわらず、当時は話の真偽が確認されないまま、「トンキン湾で北ベトナムが南ベトナムを守る米駆逐艦マドックスを急襲した」という情報が、多くのアメリカ国民の意識に強く焼き付くことになった。その根底には、「共産圏は悪である」という、アメリカ国民のナショナリズムを高揚させ、北ベトナムに対する敵意を増長させようとする、ナラティブとしてのプロパガンダがあったと考えられる。プロパガンダが、サイレント・ナラティブと化して、多くの人々の価値観や判断を一定方向へと誘導する一例と言えるだろう。

環境プロパガンダとナラティブ

　「一頭のクジラを救えずに、どうして地球を救えるだろうか」

　これは、捕鯨に反対するメッセージであり、環境問題への警鐘でもある。今となっては、これに賛同する日本人も多いようだが、もともとこれもプロパガンダなのである。[6]

　鯨の肉を食するという習慣は、日本からはほとんど消えてしまった。第二次世界大戦の終わった年、日本の農業は凶作に見舞われ、そのままだと多くの餓死者が出るという懸念が高まり、貴重なタンパク源として「鯨を取って飢えをしのぐように」という指示を出したのが、GHQ（連合国最高司令官総司令部）の最高司令官ダグラス・マッカーサーだった。重要なのは、それよりもはるか昔から日本人にとって鯨は貴重な栄養源だった。そのことを忘れてはならない。

　しかし、「日本人が乱獲したため鯨が絶滅の危機に瀕している」というメッセージが後に喧伝され、やがて日本は商業捕鯨を一時停止する（といいながら、永続化している）商業捕鯨モラトリアムを呑まざるを得なくなった。しかし、背景には、環境保護・動物保護という一見ニュートラルな立場に見えるが、実はイデオロギーとも深く関わる動きがある。

　「触らぬ神に祟りなし」とばかり、今では日本のメディアでもほとんど取り上げられることはないが、そもそも日本の捕鯨は主に網取り式のため、鯨を大量に捕獲する営みではなかった。しかも、私たちには鯨を余すところなく100％利用する習慣があり、皮も身も、そして臓器までも食べ尽くし、骨は日用品や工芸品としても有効利用された。鯨のヒゲは、伝統芸能の文楽人形や小田原提灯の取手としても活用されていた。「もったいない」の思想、現代風に言えばSDGsの考え方は、すでにここでも発揮されていたのである。

　他方、欧米諸国はどうだったか。彼らの関心は鯨から取れる油にあった。だから、皮脂と骨から得られる鯨油以外の肉や内臓はその場で海洋投棄されていたのだ。日本と同じく食用に供するノルウェーは別として、欧米の人たちにとって、巨大な体をした鯨の8割から9割方はゴミでしかなかった。しかも、ノルウェー式捕鯨と呼ばれる欧米諸国の手法は大量に捕獲する手法であったため、そこでは大量廃棄が起こった。大量捕獲・大量廃棄の世界だっ

たのである。

　しかし、油は欧米の人たちにとって貴重な資源であったはず。なぜ、彼らがこれに見切りをつけたのか。それは、鯨油よりもはるかに効率のよい代替物として石油が出現したからである。もはや欧米の人たちにとって鯨を捕獲する必要はなくなったのである。

　そこへもってきて、「動物（しかも鯨は哺乳類！）がかわいそう」というメッセージは誰にでもわかりやすく、クリーンなイメージを伴うため、有名人までがこれに賛同する。この動きにさらに拍車をかけたのが、牛肉を生産する組合や、畜農家に穀物を供給している穀物メジャーである。彼らは、アメリカ政府に働きかけて反捕鯨運動を動かす圧力団体になっていたのだ。牛肉を広く買ってもらわなければならない。鯨などどうでもよい。

　つまり、問題はきわめてポリティカルなのだ。このような大きなうねりの中で日本人がひとり悪者になってしまった。「日本人、捕鯨、鯨食、残忍、環境破壊」にまつわるナラティブが、欧米の人たちの意識の中に沈殿し、やがて冒頭のメッセージ「一頭のクジラを救えずに、どうして地球を救えるだろうか」に代表されるプロパガンダへと脈々と引き継がれていくのである。7)

　一説によると、鯨を保護することによって、頭数が増えるばかりか、彼らのエサとなる小魚が大量に消費されてしまい、海洋資源のバランスが崩れつつあるという。プロパガンダは、現実の真偽とは無関係である。しかし、それがサイレント・ナラティブとして、多くの人たちの意識の中に沈み込むことになった。

宗教的ドグマ
　食品会社エースコックのロゴマークはお馴染みのこぶたである。ホーム

ページによると、ラーメン発祥の地・中国では、ブタは多産であることから「円満と繁栄の象徴」とされていること。そして、欧州など、世界各地でも幸福のシンボルとして親しまれているから、だそうだ。[8]

　しかしその一方で、イスラム教（コーラン）には、「かれがあなたがたに、（食べることを）禁じられるものは、死肉、血、豚肉、およびアッラー以外（の名）で供えられたものである（第2章173節）」とあり、ブタは禁忌食物に指定されている。したがって、ブタを食に結びつけることは宗教上のタブーである。いわば宗教上のドグマとして、「ブタは食してはならない」という（私たちの言葉で言う）ナラティブがイスラム社会で共有されている。

　そういう目で見ると、こぶたのロゴマークが世界中どこに行っても好感度が高いかと言うと、そうとも言えず、現に同じく世界展開するエースコック・ベトナムの人気商品「ハオハオ」のパッケージには、こぶたの代わりに子供が描かれており、この宗教上の禁忌ナラティブに配慮しているように見える。

　ブタを含め肉食を回避するのは仏教も同じなので、これを宗教的ドグマと呼んでも間違いではなさそうだが、一方でブタが生育する環境が一般的に不潔であることから、「ブタは不浄（ゆえ、食べない方がよい）」は生活の知恵でもあり、必ずしも故なきドグマとも言えないかも知れないことは付け加え

ておこう。

社会記号とナラティブ

　嶋・松井（2017:6）は、いわゆる流行語の一種としての「社会記号」に注目して、マーケティングとの関連でその詳細を論じている。社会記号とは、「もともとは辞書に載っていないが、社会的に広く知られるようになり、テレビやラジオでも普通に聞かれ、見聞きするようになることば」だそうである。

　たとえば、「コギャル」という言葉。1990年代の後半に流行・定着した社会記号で、何だかへんな格好の一部の女子高校生を指すようになった。そういう、いわばラベルができることで、それまで多くの人たちの間でモヤモヤしていた存在が市民権を獲得し、彼らが注目を浴びるようになる。「私もコギャルになりたい」と願う人も登場するし、彼らをターゲットにしたプリクラやメイク道具までも生まれた（嶋・松井 2017:7-9）。

　嶋・松井（2017:151）は、そういった社会記号を説明するに当たり4つの類型と概念があり、それぞれに異なった社会的要請があると考える。

　（a）呼称：ラベリング
　（b）行為：動機のボキャブラリー
　（c）脅威：スティグマ
　（d）カテゴリー：スキーマ

　この4つの社会的要請（類型・概念）は、私たちが考えるサイレント・ナラティブと通じるところがあるので、少し詳しく見ておきたい。

　まず「呼称：ラベリング」。たとえば、周囲の人間を描写するコトバとして使われる「草食男子」、「肉食系」、「美魔女」などが典型的なラベリングだ

そうである。このような呼称は、人の個性を分類するときに便利、つまり思考を節約でき、同時にそれに対して肯定するのか否定するのか、ある種の判断をくだすこと、あるいはその延長線上で行動に出ることを迫る（嶋・松井 2017 : 152-154）。

　次に「行為：動機のボキャブラリー」。これは、ある行為に対して「なぜそれをしたいのか」とか、「なぜそんなことしたのか」を説明するコトバ。たとえば、誰かと結婚する（という行為）理由として、「金持ちだから」も「支えてあげたいから」も立派な動機のボキャブラリーと認められる。ただし、前者は（拝金主義を連想させて）不適切と解釈されやすいので本音の動機のボキャブラリー、後者はその解釈を回避する無難なコトバなので建前の動機のボキャブラリーと考えられる（嶋・松井 2017 : 154-157）。このボキャブラリーとしては名詞系も想定されているのだが、ここでは「X は Y であ・る」とか「X は Z と・す・る」という記述が現れていることに注目しておきたい。

　三つ目は「脅威：スティグマ」。スティグマとは「（負の）烙印」とか「汚名」とかに訳されるが、社会的に構成される規範から外れる（と評価される）属性のこと。たとえば、身体的な負の特質、個人の性格上の問題、人種・民族・宗教などの集団へのイメージがあげられる。（一般に信じられている）規範から外れていることへの羞恥心や自身への嫌悪感を回避する（回避してあげる）、言い換えると、ス・ティグマの証となる情報を隠すコトバと考えられる。離婚を経験した人には「失敗者」というスティグマが与えられがちだったが、その否定的なイメージを和らげる効果のある「バツイチ」が好例だとされる。（嶋・松井 2017 : 157-161、傍点筆者）。

　最後に「カテゴリー：スキーマ」。嶋・松井（2017 : 161）では、（一般読者にわかりやすいよう）物事を見るための「メガネ」と説明されている。例として、日清食品が 2009 年に発売した「GoFan（ゴーハン）」をあげる。これ

は、電子レンジで簡単に調理できる炊き込みご飯の商品名だったが、まったく人気が出なかった。そこで翌年、商品開発担当者が「カップヌードルごはん」に変更したところ、あまりの人気で品切れとなり、発売4日で一時販売休止となったそうである。

　要するに、新商品を見るための「メガネ」として、カップヌードルのブランドを提示することで、カップヌードルと同様に「簡便で美味しい」という連想を誘導することに成功したのである（嶋・松井 2017:161-163）。

　スキーマ（図式）も（解説のために用いられた）メガネも、ともに名詞であるが、ここではそこから引き出される属性として、動機のボキャブラリーの場合と同様に、「XはYである」とか「XはZとする」という記述が現れていることに注目しておきたい。

　このように見ると、社会記号に関するこれらの説明は、サイレント・ナラティブと重複するところが多い。一つには、ラベリング、スティグマ、スキーマの一部に見られる名詞を軸にしてその属性を記述する点。もう一つは、動機のボキャブラリーやスキーマの一部に見られる動詞を軸にして共通項を整理する点。前者からは、図式的なイメージが喚起されやすいが、後者はスクリプトのような命題的記述を私たちに想起させる。スクリプトと言ってしまうと、何か手順を書き出したシナリオのようなイメージになりがちだが、ナラティブは「XはYである」とか「XはZとする」のような形式で、もっと価値観・世界観を表わすような記述を想定している。だから、それはスキーマとスクリプトの両方を含んだような、いわば解釈の雛形（テンプレート）のようなものである。「スキリプト」（Schema + script）と呼んでよいかも知れない。

　また、すでに述べたように、ナラティブ＝物語と理解してしまうと、「ムカシムカシ」で始まる導入と、「メデタシメデタシ」で終わる結論を備え、

全体が完結した（つまり閉じた）テクストを連想してしまうが、ここで言うナラティブは必ずしもそのような完成形を要求せず、とは言え（少なくとも局所的には）意味的一貫性（Coherence）を保ちながら、融通無碍に集合と離反を繰り返し得る、もっと開いたテクストを想定している。

　このように、ナラティブとは、物語のように明確な起承転結がある一本の作品ではなくて、文脈ごとにスポットライトの当たる名詞、あるいは述語表現が変化し、それが契機となって誘導されるメッセージ群、すなわちメッセージのネットワークのようなものと考えるとよいだろう。そこには完成形（まとまり）は存在せず、談話（テクスト）の展開とともに、刻一刻とフォーカスされる個々のトピックもしくは属性の優先度が目まぐるしく変化する。いま前景に出ていたメッセージが、次の瞬間には背景に退くような、いわばダイナミックに形の変わるモビールのような、流動性のある構成体なのである。

註

1）ライアン・マリー＝ロール（2006:15）.
2）Sperber & Wilson の弱い推意（Weak implicature）がこれに近い。たとえば、"Would you drive a Mercedes?" に対する "I wouldn't drive ANY expensive car." は "(No,) I wouldn't drive a Mercedes" の意味となる。これは推論を経た最も関連性の高い（Relevant）結論であり、強い推意（Strong implicature）として評価されるが、それ以外にも People who refuse to drive expensive cars disapprove of display of wealth（高級車に乗ることを拒む人は金持ちを見せびらかすことを良（よし）としない）とか "Alfa Romeo is also an expensive car"（アルファロメオも高級車だ）などのメッセージを（ほぼ無数に）引き出すことができる。これが弱い推意と呼ばれるものだが、それはまた「高級車」を起点として、百科全書的な知識も援用しながら喚起される私たちの価値観・世界観とも言える。つまり、ここで言うナラティブなのである。弱い（強い）推意については、Sperber & Wilson（1986/95:194-199）、Wilson & Sperber（1994:98-99）を参照のこと。
3）Steel（2010:6）.
4）宗教を信奉する人たちにとっては、「客観的な根拠なしに」という言い方は語弊

があるかも知れない。たとえば、キリスト教に盛り込まれた奇跡のエピソードは、いずれも信頼に足る証人によって言い伝えられたものなのだから。ただ、これがどこまでも歴史的伝聞であって、もはや証明の術がないという意味で、「客観性を欠く」という言い方を採用する。

5）ミアシャイマー（2017:86-87）.

6）小松（2005:122）.

7）捕鯨の手法の違いや、鯨食を含む鯨に対する日本人の姿勢についての詳しい話は小島（2011）を、また捕鯨に関する動き全般や欧米の外交手法、日本の外交の弱点などについては、小松（2010）を、それぞれ参照のこと。捕鯨論争については小松（2005）が詳しい。また、小島編（2009）にも、日本人と鯨のつながりについての詳しい記述がある。さらに、環境保護運動と鯨の関係については、石川（2011）を参照されたい。いずれも、日本のマスコミがほとんど発信しないため、私たちに知られていない情報が満載されている。このような捕鯨にまつわる史実を日本人がまったく知らないことに驚き、捕鯨の本拠地だった太地を訪れ、史実を正しく世界に発信しようとするオーストラリア人映像ジャーナリスト、サイモン・ワーン氏を紹介する記事もある（産経新聞2014年4月13日）。

8）ちなみに、この擬人化されたこぶたは、1959年4月大阪生まれの男の子。職業はコックで、得意な料理はラーメンだそうである。

第5章　ナラティブから見直すポライトネス

ポジティブフェイス・ネガティブフェイス

　2022年8月アメリカの下院議長ペロシ氏が台湾を訪問した。日本の報道メディアのあちこちで、中国（習近平）の「面子丸潰れ」という見出しが踊った。辞書によると「面子」とは「体面」とか「面目」とかの言い換えが見える。日本語でも「体面を保つ」、「面目ない」などの表現があるし、名誉を傷つけられたときに「顔を潰される」ともいう。体の一部としての顔はそれぞれの人間の、まさに「顔」であり、とても重要なものであるには違いない。

　一方、ポライトネスの研究のキーワードもフェイス（Face）である。なんとなく「顔」とか「面子」とかの訳語を充てたくなるが、どうもピッタリ当てはまらないため、「フェイス」と訳されるのが常である。Brown & Levinson（1979）によると、フェイスにはポジティブ・フェイスとネガティブ・フェイスの2種類がある。

・ポジティブ・フェイス

　相手からよく思われたいという願望。他人から理解されたいとか、友人または親友として扱ってもらいたいと願うこと。

・ネガティブ・フェイス

　他人から何かを押し付けられたくないと願うこと。他人に縛られず「自分」でいられる権利に干渉されることなく自分のやりたいことをやらせてもらいたい、つまり決心したことを妨害されたくないと願うこと。

　私たちのコミュニケーション活動は、ややもすれば、このフェイスを脅か

93

す行為を含みがちである。たとえば、「この仕事を手伝ってくれない？」と相手に依頼するとき。頼まれた側には、他人から邪魔されることなく自分のやりたいことをしていたいという願望（ネガティブ・フェイス）があると考えられるので、依頼はそのフェイスを脅かす行為になる。ポライトネスの観点からは、それを和らげる仕組みが必要となる。

(1)　Could you please help me with this work?

単刀直入に言えば "Help me with this work" となるが、それではきつすぎる。過去（仮定法）の疑問形 Could you ... を使ったり、please を入れたりする工夫が、いわば緩衝材として働き丁寧さを伝えるのである。

一方、親しくしている友人に対して「いま何時？」と聞きたいとき、

(2)　Could you please give me the time?

は、あまりによそよそしい。親友として扱って欲しいとの願望、すなわちポジティブ・フェイスを脅かす行為になってしまう。だから、そこでは、

(3)　Got the time, mate?

のような言い方がふさわしい。呼びかけに使われる "mate" は親しみを込めた言葉であり、"Have you got...?" の短縮形の "Got...?" はカジュアルな言葉だからである。

このように、フェイスを脅かす行為を、ブラウン＆レビンソンは「フェイスを脅かす行為」（FTA）と呼び、上記のように、それを回避する手段を巧みに講じることによって、ポライトネスが実現すると説明する。

　確かに多くの場合、そのような考え方が当てはまるのであるが、次のような例はどうであろうか。

(4)　*A man and a woman enter an art gallery. The man is carrying a plastic carrier bag. The woman goes to buy the admission tickets, while her husband has gone ahead into the gallery.*

Official:　　　　Would the gentleman like to leave his bag here?

Woman:　　　　Oh no, thank you.　It's not heavy.

Official:　　　　Only … we have had … we had a theft here yesterday, you see.
　　　　　　　　　　　　　　　　　　　　　　　　　　　（Thomas 1995：50）

　美術館の入口に夫婦がいる。妻が入場券を買う間、買物袋をもった夫が先に入場しようとする。それを見た入口の係員が「ご主人のお荷物、こちらでお預かりしましょうか？」と女性に尋ねる。女性（妻）は、「ああ、いいのよ、ありがとう。重いものではないので」と答える。"Leave the bag here" の代わりに "Would...like to do?" を使うのも、"It's not heavy" のように断わる理由を述べるのも、FTA を回避する方便である。前者には、肌身離さず自分のものをもっていたい（＝邪魔されたくない）という相手の願いが関与しているのでネガティブ・フェイスを、後者には親切な願い出を尊重して欲しい（＝よく思われたい）という相手の願いが関与しているのでポジティブ・フェイスを、それぞれ脅かす行為を回避したいという話し手の思い（ポライトネス）が込められている。

　やり取りがここで終わっていたら、この説明で十分なのである。ところが、直後に「あの、実は昨日、ここで盗難があったものですから」と言いにくそうに加える係員の言葉で、状況は一転する。つまり、「荷物をお預かりしましょうか」と、親切心から申し出をしているのではなく、「盗難を助長したくないので、荷物をもって入らないでください」と、係員は任務または

権限として依頼・命令をしているのである。[1]

　そのように考えると、持ち物を手放したくない（人に束縛されたくない）に起因するネガティブ・フェイスで説明してよいのかという疑念が生じる。ありていに言えば、係員は買物袋をもって入る男性が盗みを働きはしないかと疑っているわけである。[2]　嫌疑をかけられている側からすると、むしろ「自分のことをよく思って欲しい」というポジティブ・フェイスを脅かされていると考えるべきであろう。ところが、それを回避するために使われたはずの、"Would...like to do?" という、通常はネガティブ・フェイスへの脅威を和らげるとされる表現なのだ。だから、ここに矛盾が生じてしまうのである。

　これまでのポライトネスの議論の枠組みを壊さないで、この矛盾を解決するためには、"Would...like to do?" のような婉曲表現を、ネガティブ FTA 回避だけではなく、ポジティブ FTA 回避にも利用できると考えるか、盗みの嫌疑をかけるような行為については、ポジティブ FTA とみなすのをやめるか、そのいずれかになる。

フェイス再考

　ポジティブ・ポライトネス（ポジティブ FTA を回避する手法）とネガティブ・ポライトネス（ネガティブ FTA を回避する手法）について、Grundy（1995:136）にわかりやすいリストがある。それを眺めてみると、ポジティブ・ポライトネスは親愛の情と結びつく表現ばかりがあがっている。そういったカテゴリーに、ネガティブ・ポライトネスの方略と考えられている、よそよそしさを象徴する "Would...like to do?" を仲間入りさせることは、あまりにアドホックな解決策に思われる。

・ポジティブ・フェイス
　相手の欲求に気を配れ／を知っていることを認めよ
　関心／同意を誇張せよ

　　仲間を表わす符牒を使え

　　同意を求めよ

　　共通基盤（意見の一致）を前提と（主張）せよ

　　ジョークを言え

　　楽観的な話し方をせよ

　　理由を述べよ／求めよ

　　相互に依存しあっていることを前提と（主張）せよ

　　相手にギフト（品物、同情など）を贈れ

・ネガティブ・フェイス

　　慣習的な間接表現を使え

　　疑問形を使え／ヘッジ語を使え

　　悲観的な話し方をせよ

　　押し付けの程度を最小限に抑えよ

　　敬意を表わせ

　　謝れ

　　非人称表現を使え

　　押し付けが世間一般の規則であると言え

　　名詞表現を使え

　　相手に借りができたことを記録にとどめよ [3)]

　一方、嫌疑をかけるという行為は、相手にそれが伝わって、きわめて不愉快な情を引き起こすに違いないが、直接的にその行動を束縛するようなものではない。しかし、話し手が、"Would...like to do?" という、相手と距離を置くような（よそよそしい）表現を使いたくなる背景には、行動束縛に近い何かがあるに違いない。その何かが、相手に不愉快な情を引き起こしているわけである。それは何か。

　それは、冒頭の話に戻って、「面子」（を脅かすこと）にほかならない。盗

みの嫌疑をかけられることは、その人にとって「面子丸潰れ」なのである。しかし、ブラウンとレビンソンのフェイスの概念に従っていると、面子に相当する事例を排除せざるを得なくて、所詮、面子とは日本や中国などアジアに限られた概念に過ぎないのかと思いながら、ポライトネスの議論に含めることができないのが実情である。しかし、(4)の例が示すように、やはり英語でも似たことは起こるもので、実際にネガティブ・ポライトネスの表現 "Would...like to do?" が登場している。

　おそらく、「面子」とは人（あるいは集団）としての尊厳（dignity）であり自尊心（pride）のようなものではないか。ここで興味深いことは、そういった感情は個人のもの（個に発するもの）であると同時に、他の人（集団）からどう「見られるか」とか「扱われるか」が重要な要素となっている点だ。Brown & Levinson (1987) のフェイスには、明らかにこの視点が欠落している。

　一般に、欧米人は個に注目するが、日本人をはじめとするアジア人が注目する個には、必ずその背景情報が含まれていると言われる。いわば、自分を取り巻いている人との関係の中で個が規定されるというわけである。相手を説得する手法の違いを考えながら、写真の撮り方に現れる両者の違いについて指摘する Meyer (2016:109-111) のエピソードを、一つの例として紹介しよう。

　ある女性のことを知ってもらうために一枚の写真を撮るように依頼するのである。すると、欧米の人たちはその女性を大写しにする傾向があるのに対して、アジア系の人たちは女性だけでなくその背景（ドアや部屋の調度品）を含んで撮る傾向があった。つまり、欧米人は焦点の当たっているもの（ここでは女性）にのみ関心を寄せるのに対して、アジア人は焦点となる前景（Foreground）とともに背景（Background）にも注目して、全体でその人物を描写しようとするのである。前者は個別思考（Specific thinking）、後者

は全体的思考（Holistic thinking）と呼ばれているようである。[4]

　私たちの存在の精神的拠り所となる「尊厳」や「自尊心」も、自分だけの世界（＝個だけの宇宙）であれば、「天上天下唯我独尊」の世界だから、傷つけられる心配がないわけで、何ら問題にはならない。ところが、全体（集団）の中で個を規定しようとすると、他人の目に晒されることによってはじめて、その精神的拠り所が獲得され強化され、反対に傷つき失われていく。面子のような概念が Brown & Levinson（1987）の議論の中で考慮されなかったのは、そういった個の捉え方の洋の違いに端を発しているように思われる。

　いずれにしても、面子に対応する概念が必要なのである。場面によって面子も傷つけられる可能性があることは、行動に制限がかけられるのと同じで、ネガティブ・フェイス的である。一方で、他人の目に晒されたとき、みずからの尊厳・自尊心を尊重してもらいたい、つまり好意的に見てもらいたいという点では、ポジティブ・フェイスに近いとも考えられる。

　つまり、面子はネガティブ・フェイスとポジティブ・フェイス両方の特性を備えている。これは人間が存在する精神的拠り所、いわば根本のフェイスだとも考えられるので、これを「根源的フェイス」（**プロト・フェイス**）と呼んで、ネガティブ・フェイスとポジティブ・フェイスをその傘下に収めるとうまく整理ができるように思われる。そうすることで、これまで面子について語ることができなかった難点も解決できるのである。

```
              プロト・フェイス
            ╱              ╲
  ポジティブ・フェイス    ネガティブ・フェイス
```

フェイスとナラティブ

断水のお知らせ
　ここでは、具体的にポライトネスへの配慮が、ナラティブとどう関係して

いるか考えてみよう。以下は、「断水のお知らせ」の掲示である。

(5)

<u>**Interruption of Water Supply**</u> (A)〈名詞化〉

Please note

that **your water supply will be turned OFF** (B)〈非人称化〉

from 4:00 a.m. for up to 7 hours.

During this period,

it would be inadvisable (C)〈非人称化〉

to draw hot water or to use any mechanical appliances

connected to the supply. 5)

　断水は利用者の水道利用を妨げるわけなので、ネガティブ・フェイスを脅かされる状況である。したがって、それを緩和するためにネガティブ・ポライトネスの手法を利用することが求められる。下線部（A）では、水道局が断水させるわけであるから、We will interrupt water supply が正確な表現である。もちろん、掲示内容のタイトルなので名詞化する文脈ではあるが、同時に「名詞化」することで「動作主体（ここでは水道局）」を明示する必要がなくなる。（「水道局」という）動作主体に触れると、（「水道局」が）不便を押し付ける印象が強くなるので、これを背景に回す（あるいは消してしまう）ことによって、それを和らげることができるのである。

　同様に、下線部（B）でも断水させるのは当事者（「水道局」）である。正確には、We will be turning off your water supply のはず。受身形を使うことによって、当事者としての We に言及しない（文法的に言うと主格から斜格に降格させる）ことが可能になる。これが、「非人称化」のメリットなのである。

　また、下線部（C）もこれに近い。本来であれば、We would not advise

you to ...と言うべきところ、動作主体としての当事者（「水道局」）のアドバイスにすると差し出がましい。We を外して、It would be ...の形式にするのも「非人称化」の一つである。[6]

　いずれの場合においても、断水によって、結果的に水道を自由に利用するという、いつもの行動が制限されるというネガティブ・フェイスが問題になることは間違いない。しかし、その一方で、断水時の行動について、利用者が水道局から「…しなさい」と求められることは、使用者としての尊厳（dignity）、もしくは自尊心（pride）、つまりプロト・フェイスを（軽くではあるが）脅かされるのである。反対に、水道局側からすると、差し出がましいリクエストやアドバイスもまた、情報の受け手個人としてのプロトフェイスを脅かすことになる。その脅威を何とか緩和したいわけである。

乗客への警告

　同じようなポライトネスへの配慮は、鉄道のアナウンスでも聞かれる。電車の乗り降りに関して、ドアに挟まれないよう「ドアが閉まります」というアナウンスが流れるのがそれである。英語でも "The door is closing" のような同じ表現を聞くが、これも正確に言えば、車掌がドアを閉めるわけであるから、「ドアを閉めます」（I will close the door）のはず。駆け込み乗車をして、ドアに体を挟まれたいと願う乗客などいないわけであるから、具体的に何かをしたい願望が妨げられる事態ではないが、広い意味での「行動の自由」が制限されるという意味で、ネガティブ・フェイスが脅かされると考えられる。ドアに挟まれないように注意を喚起すること、そして事故によって運行に支障が出ないようにする配慮は、むしろ乗客にとって（も、鉄道会社にとっても）利益となるはずである。

　それにもかかわらず、日本語でも英語でも、他動詞ではなくて自動詞を使って、つまり「おのずと…なる」という言い方を使って、動作主体を見えなくするところがおもしろい。行動制限というネガティブ・フェイスへの影

響を減じるとともに、「駆け込み乗車をするな！」という警告のもつ差し出がましさを減じようという意図も垣間見られる。私たちは人から愛されたいというポジティブ・フェイスももっているわけで、それは積極的に親愛の情を示され満たされるだけでなく、理由もなく警告や叱責を通して脅かされること、つまり消極的に親愛の情が減じられる場合があることも考慮に入れるべきである。

　つまり、私たちには自由に行動できるとの規範があるからこそ、その制約（ネガティブ・フェイスへの脅威）を忌み嫌い、受けるべき親愛の情を理由なく減じられる、あるいは奪い去られること（ポジティブ・フェイスへの脅威）に対して常にアンテナを立てている。つまり、一人の人間として尊敬されること、少し大袈裟になるが、人間としての尊厳を守られることが重要なのだ。言い換えれば、プロト・フェイスの擁護がまず肝心なのである。

　ちなみに、最近は「ドアを閉めます」というアナウンス（他動詞表現）をよく耳にするようになった。これは、頻発する駆け込み乗車に業を煮やした鉄道会社が、わざと強い警告に聞こえるよう、運航の安全を優先するようになったことも一因であろう。ネガティブ・フェイスもポジティブ・フェイスも包含するプロト・フェイスへの脅威をあえて明示して、ポライトネスよりも安全に重きを置いていることを宣言しているのである。

ポライトネスから透けて見えるナラティブ

　断水の掲示にせよ、駅でのアナウンスにせよ、私たちはポライトネスの観点から、その場にあった言語表現を選択していることがわかった。背景には、ネガティブ・フェイスへの脅威、ポジティブ・フェイスへの脅威、あるいはもっと根源的なプロト・フェイスへの脅威への配慮がある。行動を制限されたくない（ネガティブ・フェイス）、人に愛されたい（ポジティブ・フェイス）、そして何よりも人としての尊厳を守って欲しい（プロト・フェイス）といった願望に、常に気配りをしなければならないということは、そ

れぞれの場面に私たちが期待する（いわばデフォルトとしての）内容があるからだ。

　断水の場合、「別の理由がない限り、私たちは毎日24時間絶え間なく水の供給が受けられる」であろうし、鉄道を含む公の場であれば、「別の理由がない限り、私たちは人から行動制限を受けることはない」といった内容である。もちろん、いずれの場合も「別の理由がない限り」は重要な但し書きで、前者の場合、水道管の入れ替え工事であったり、後者の場合、乗客の安全を優先するであったりなどの条件が、その期待内容をキャンセルできる。

　それらの条件は、私たちの期待を裏切るという意味で、私たちのプロト・フェイスを脅かすことになるので、何らかのポライトネスが要求されるというわけである。もちろん、これは個々のコミュニティが共有するイデオロギー（つまり、価値観・思い込み）にも左右されるわけで、もともとサービスが存在しない社会や、行動の自由が保障されていない社会では、「当然のこととして」という人々の期待はそもそも存在しないわけで、そもそもポライトネスが要求されないのは想像に難くないだろう。

　本書では、そういった私たちの期待（思い込み、価値観）などが、サイレント・ナラティブとして常に私たちの頭の中に潜在的にあり、何事もなければ意識にものぼらず（デフォルトとして）見逃されてしまうが、何らかの理由で差し障りが出た瞬間に顕在化し、特別な配慮、つまりここではポライトネスに配慮した表現が必要になってくる、と考えるのである。

　ちなみに、アメリカの下院議長による台湾訪問で、中国（習近平）の「面子丸潰れ」の報道に戻ると、私たちはポライトネスとは正反対のインポライトネスの例に遭遇する。アメリカによる露骨な面子丸潰し（FTA）に対して、中国政府は「必ず頭を割られ血が流れる」と、これもまた露骨なコメントで応酬したのであった。

　この品位に欠ける双方の発言はともかくとして、中国側がプロト・フェイスへの脅威（つまり「面子丸潰れ」）との認識に至る背景には、やはりサイレント・ナラティブが潜んでいる。それを詳細に書き出すことは、まさに中国の外交や政治、あるいは歴史の専門家の仕事である。ここでは、「必ず頭を割られ血が流れる」という表現を当面私たちが理解するには、ナラティブの中核として「ワン・チャイナ・ポリシー」があることさえわかれば十分であろう。台湾の独立は認めないというテーゼに関連して、中国政府の主権に関するこれまでの主張やら歴史的認識などが付随的かつ芋づる式につながっている。サイレント・ナラティブを辿っていこうとすると、その裾野は遠大で、かつ曖昧模糊としていて、限界点を示す境界はないのである。

註

1）申し出、依頼、命令、いずれも行為なので、間接発話行為（Indirect Speech Act）と呼ばれるものである。文法的に見ると疑問文に過ぎない発話が、申し出、または依頼・命令という機能を担っている。しかも、ストレートにではなく、（相手の推論に頼る）推意の形で暗に伝えているところが、見逃してはならないポライトネスの一局面でもある。

2）美術館の入口に「お荷物はお預かりします」とか「コインロッカーをご利用ください」と掲示されているのも、この例の係員の言葉に象徴される思いを如才なく置き換えたものと考えられる。

3）Grundy（1995:136）.

4）同様のことは、さまざまな色や大きさの魚が泳ぎ回るアクエリアム（水槽）の動画を被験者に説明してもらったときにも起こったという。つまり、欧米人は大きさと色の目立つ魚に注目して描写するのに対して、アジア人は目立つ魚のほかに、背景で揺らめく海藻や画面の隅に見えるカエルについても語る割合がアメリカ人の2倍に達したそうである Meyer（2016:108）。

5）Grundy（1995:129）.

6）Grundy（1995:200）.

第Ⅱ部　理論の謎を解く

第6章　一つの解への執着

～西欧思想の呪縛～

はじめに

　第I部では、コミュニケーションにおける意味伝達・解釈の背景に、アブダクションが関わっており、私たちはそのプロセスを通して、記号が文脈に整合する形で表わすメッセージを特定していると考えた。その際、言語・非言語を問わず、コードが慣習化している場合はもとより、慣習化する以前のコードまでも含めることを提案した。慣習化されたコードは、意味と記号が一意対応しているため、何のためらいもなく記号論の俎上にあげることが可能である。しかし本論では、意味と記号の対応関係は一意的に固定していない、慣習化以前のコードも立派な記号として扱う。対応関係を探るための、いわば「謎解き」の手段として、コミュニケーションにはアブダクションが重要な役割を果たしていると考えることによって、それが可能になる。

　さて、そのようなアブダクションは何もないところで作動はしない。背後には、端的に言えば「常識」という言葉で括られてしまう、私たちの期待や思い込みがあった。それは経験や学習によって、私たちがコミュニケーション活動とともに獲得する知識・情報である。ある場面・文脈で、言語・非言語を問わず一つの記号（因果関係の「果」）を手掛かりに、その意味・意図するところ（因果関係の「因」）を特定しようとする行為が、アブダクションであるが、そのような期待・思い込みが非常に高い確率で正しい解釈（「因」）（デフォルト）へと導いてくれるのである。

　もちろん、アブダクションの本来の要諦とは、思いもかけない解釈への飛躍である。そして、その飛躍に気づいたとき、私たちは勝手な期待や思い込みに縛られていたことに気づくのである。例を一つ見ておこう。

(1) Vickie: Hello? Hello? Mr. Magneri? Anybody? Hello? It's very important. **It's a matter of life or death.** Somebody, please answer me. Hello? Mr. Magneri, please! Somebody, answer me, please. Oh, my God. Please. Did you follow me here? Okay, I — I'm sorry. Here, you can take it! Take it. It's fine. What is that? Oh, my God. No! No!

Mr. Monk and the Naked Man (Series 6, Episode 2)

　凶器をもった不審者に追いかけられているビッキーは、マグネリ邸の玄関で「開けてください。生死に関わる問題なのです！」と叫ぶが、誰の応答もないまま、その場で不審者に襲われてしまう。

　殺されるかも知れないと必死に逃げ惑うビッキーが「生死に関わる問題」という発言から、当然のこととして、私たちはそれを彼女自身の「生死に関わる問題」と考える。ところが、ここでは求められる解釈の展開には、ある種の飛躍が隠れている。

　実際の状況はこうである。会社をワンマン経営するマグネリ氏が病院で精密検査をしたところ、X線写真から稀な病気が見つかり余命わずかとわかった。たまたまX線技師のミス・ボラスがこれを見つけ、マグネリ氏の病状が明らかになったり、急死したりしようものなら、その瞬間に会社の株が大暴落することは間違いないと踏む。真相が明らかになるのを先延ばししようと、彼女は他の患者のX線写真とすり替え、その間に株の空売りを繰り返し、マグネリ氏の死亡と、それに伴う株の大暴落を受けて、大儲けしようという魂胆だったのである。この陰謀に気づいたビッキーが、口を封じようとするミス・ボラスに追い回されているのだ。

　だから、「生死に関わる問題」という言葉（果）を聞いて、命の危険に晒されている状況に基づいてビッキーの問題と考え、「助けて！」というメッ

セージ（因）と解釈するのは、私たちの勝手な思い込みであって、本当は
「マグネリさん、あなたの命に関わる話なのです！」というメッセージ（因）
だったのである。求められる解釈の飛躍とはこのことだ。

　「凶器をもつ不審者による追跡、懸命に逃げるビッキー、生死に関わる問
題」という一連の情報をもとにして、「ビッキーは、凶悪犯から自分の命を
守るためにマグネリ邸に匿って欲しいと懇願している」のだ、というシナリ
オを私たちは頭の中に準備した。しかし、これは私たちの勝手な思い込みで
ある。場面・文脈に照らし合わせて、いわば即興的に浮かぶシナリオのこと
を、私たちは「サイレント・ナラティブ」と呼んだのであった。

　先にナラティブとは、「物語のように明確な起承転結がある一本の作品で
はなくて、文脈ごとにスポットライトの当たる名詞、あるいは述語表現が
変化し、それが契機となって誘導されるメッセージ群」と述べた（p. 91）。
そして、「談話（テクスト）の展開とともに、刻一刻とフォーカスされるト
ピックもしくは属性の優先度が変化する」とも述べた。「時間とともに、前
景と背景とが入れ替わるモビールのような、流動性のある構成体」なのだ。
（p. 91）また、前章の終わりに、サイレント・ナラティブの「裾野は遠大で、
かつ曖昧模糊としていて、限界点を示す境界はない」とまで述べた。

　しかし、以下の議論から明らかになるように、一意対応を基本に物事を整
理し説明しようとする「学問」の世界にあっては、実はこのような流動性と
か、曖昧模糊として限界点がないとか、掴みどころのない特徴づけは、きわ
めて都合が悪い。（従来の意味での）「学問」にならないのである。ところ
が、流動性を排除して、一意対応の世界にすべてを、この「学問」の世界に
押し込もうとすると、現象が都合よく一意対応には収まり切らないため、結
局のところ現象そのものの説明ができなくなってしまう。そういうジレンマ
に陥ってしまうのである。

　しかし考えてみると、この「学問」の世界でさえも、実はサイレント・ナラティブと同様に、一つのフィクションに過ぎない。ただこちらの方は、もっと壮大な、いわばイデオロギーのもとで構築されている。そのため、大前提が一つでも外れてしまうと、フィクションそのものが、壮大なイデオロギーとともに崩れ去ってしまうのである。だから、現象はイデオロギーに整合するように説明されなければならない。

　これは、ノンフィクション（事実）がフィクション（虚構）に従属すべきことを意味する。これは、私たちの直感に反しはしないか？　そういうわけで、本章は、コミュニケーションの説明を含む学問の枠組みに潜む、この「謎」を解くための試論である。

言語研究と西欧思想の呪縛

言語能力という虚像

　物事を本音と建前に分けて考えるとき、言語研究ではチョムスキーのパフォーマンス（Performance）・コンペタンス（Competence）の二分法を思い出してしまう。言語運用と訳される前者は、私たちが実際に話したり書いたりするアウトプットであり、そこには言い間違いや不完全な発話が含まれる。一方、言語能力と訳される後者は、そういった現実の発話ではなくて、私たちの脳の中にある（とされる）言語を生み出す機能のことである。これは言語運用のように実際に聞いたり、読んだりできるものではなく、もっと抽象的な存在である。

　そのように聞いたとき、音声や文字となって現れる「言語」を観察する者（少なくとも筆者）にとって、目に触れ耳に入る情報としての言語運用こそが紛れもなく実在し、そのメカニズムを解明することが本音であり、ただそれを学問の対象として一般化・抽象化するためには、実在はしないのだが、フィクション（建前）としての言語能力を想定しているかのように思いがちである。

しかし、チョムスキーは、実在は言語能力にあって、言語運用は実在すら
しないと、真逆に考えるのである。つまり、言語の本音はフィクションにあ
り、建前としての言語現象を私たちは見ている、いわば「幻影」だ、という
のである。これは単なるレトリックとして読み捨てるには、あまりに重大な
見解である。そこで、次節ではこの問題について立ち入って考えてみたい。

実在とは何か

あるとき、チョムスキーは、私たちが使っている日本語や英語のような個
別言語を E‒ 言語と呼び、人間に生得的に備わっていると仮定する I‒ 言語
を次のように定義した。素朴に言語を見る私たちは思わず首を傾げたくな
る。

(2)　（I‒ 言語とは）精神もしくは脳内に実在する要素、すなわち物理的
　　　世界の一局面であり、何からの形で物理的に記号化されているもので
　　　ある。（Chomsky 1986:26、傍点筆者）

一方、

(3)　（E‒ 言語とは）現実には存在しない、人工物であり、恣意的な性格を
　　　帯びている

（Chomsky 1986:26、傍点筆者）

という。

ふだん私たちが使っている言語が「現実には存在しない」で、脳の中にあ
ると仮定された言語が「実在する要素」とは、一体どういうことなのか。文
字や音声の形で、いわば五感を通じて掴み取ることのできるものが実在せ
ず、逆に頭の中を覗いてみたところで出て来そうにもない知識の塊が実在す
ると言われても、にわかには（そしてこれから述べる思想的背景がなければ

永遠に）信じ難いものがある。

　そもそも「実在（する）」とはどういうことなのか。このことを考えるために、まずは野内（2008）と川崎（2005）の指摘に耳を傾けよう。

(4)　日本人、あるいは日本文化には目の前にある現実（世界）を素直に受け容れる傾きがある（野内 2008:93）

(5)　（天体の動きに関心を示し想像力を膨らますギリシャ人に対して）日本人は世界でも珍しいくらい地上のものにしか関心をもたない「超」現実主義的な国民だ（野内 2008:97）

(6)　実在から「実際に在るもの」という意味を汲み取るのは誤りです。なぜなら、西欧語が秩序立て概念化した世界においては、実在は五感に触れる領域の外のどこかにあるからです。（川崎 2005:58、傍点筆者）

　私たち（少なくとも日本人）は、五感を通して触れることのできる現前の事物や出来事をそのまま受け容れ、それが確かに存在するものと信じて疑わない。

　しかし、どうやら西欧では事情が異なるらしい。また、たとえば中村元によると、中国を通じて移入されたインド論理学を日本語に翻訳するに際して、これが推論に関する学問（＝抽象性の象徴）としてではなく、相手を予想した弁論技術（＝具体性の象徴）として捉えられたようで、

(7)　日本人は普遍的な命題を人間関係から切り離して抽象的に考えることを好まなかった

（中村 1962:306-7、傍点筆者）

のだという。

　日本人にとっての「実在」とは、目に見えるもの、耳で聞こえるもの、手で触れるもの、舌で味わえるもの、香りのするもの、そういう具体的なものでしかない。これに対して、西欧の人たちにとって実在とは、五感に触れる領域の外、すなわち自然を超えたところにある。それを探求する学問が、まさに meta（超えた）＋ physica（自然）＝ metaphysics（超自然学）なのだ。私たちが住んでいる世界で目にしているものは、形の定まらぬ流転状態にある、いわば幻影のようなものであり、真に存在するものは、この世界を超えた彼方にあり、それこそが普遍的なものだと考えるのである。[1)]

西欧哲学とイデア
　その真の実在は、超自然的原理とも言い換えられるが、プラトンでは「イデア」、アリストテレスでは「形相」、キリスト教神学では「神」、デカルトでは「理性」、ヘーゲルでは「精神」などと呼ばれるものである。[2)]

　名称はともかくとして、超自然的原理を追求する伝統は、西欧思想（哲学）の世界で脈々と受継がれている。五感を通して掴み取ることのできる個別言語は幻影に過ぎず、どこか目に見えない世界にあるI–言語（普遍文法）こそが実在するというチョムスキーの（私たち日本人にとっては不可解な）主張も、この西欧思想の文脈に放り込むと何の抵抗もなく理解されよう。

　ただし、理解できることと、主張を鵜呑みにして、その言説の片棒を担ぐこととは別の話ではある。いずれにせよ、西欧思想にどっぷり浸かったチョムスキーがデカルトに言及するのは、考えてみれば当然のことなのである。[3)]

　さて、イデアに代表される超自然的原理であるが、プラトンによると、それは数と同一だという（ブラック 1992:139-40）。この点は、川崎（2005）

の次の説明がわかりやすい。

(8)　イデアが「（五感に触れない）数学的図形に類似したもの」であることに加えて、イデアは端的に数でもあります。例えば、我々は三を見ることはできません。三つのりんごを見ることはできても、三そのものを見ているわけではありません。数の三は五感に捉えられませんから、普遍かつ不変です。従って、数はイデアが満たすべき条件を備えているのです。（川崎 2005:62、傍点筆者）

　数の観念や幾何学的図形の観念は私たちが経験的に獲得するものではない。それは生得的で普遍的なもの、すなわち真の実在（超自然的原理）そのものだ、というわけである。逆に世界を数理的に表わすことに成功すれば、私たちは真の実在を発見したことになる。この点は重要である。

　偶然性を内包するカオス（混沌）ではなく、必然性に貫かれたコスモス（秩序）の頂点にあるイデア（超自然的原理）とは、「A ならば B かも知れない」し、ひょっとしたら「C も D もあり得る」というあやふやな記述ではなく、「A ならば B」と明確に法則化されるものでなければならない。

　ちなみに、法則（law）は「置かれたもの」、すなわち神（＝超自然的原理＝絶対者）により置かれたもので、神が介在する以上、それは秩序を（唯一的に）生成する合理的なものでなければならない。

イデアと推論様式
　ここでは、繰り返し見てきた推論様式の話に戻ろう。演繹的推論は唯一的に結論が導き出されるのに対して、（広義の）帰納的推論は、例外を認めるがゆえに、結論の唯一性を保証しない。言い換えると、前者は合理的推論であるが、後者は非合理的推論ということになる。

　Sperber and Wilson が関連性理論（p. 31 参照）の中で演繹的推論 = 合理的推論に執着する姿勢からは、チョムスキーがそうであったと同様に、彼らもまたイデアを志向する西欧思想にどっぷり浸かっているという事実が見えてくる。[4) また、推論を介した発話解釈のプロセスを、労力と報酬のバランスで測る数理関係に還元し、コミュニケーションは最も効率的なやり方で展開するのだという Sperber and Wilson の主張も、これまた合理性を志向している。

　その背後には「（デカルトの言うように）理性は神の出張所」（木田2007:123）であり、「神と自然とは余計なものをなにも造りはしない」（野内2008:101）というアリストテレスから引き継がれた考え方が色濃く反映されている。

　極めつきは「人間機械（装置）論」である。送り手と受け手が共有するコードにもとづき、送り手が意図したメッセージを符号化し（encode）、受け手がそれを解読する（decode）というコミュニケーションの「コード・モデル」を排除したのは、ほかならぬ Sperber and Wilson であった（Sperber and Wilson 1986/95:1-9）。

　実は「コード・モデル」では、送り手が意図し、受け手が再現するメッセージがまったく同一であることが求められる。しかし、先に述べたとおり、この考え方は、微妙な（あるいは大幅な）ズレが実際のコミュニケーションの現場では起こり得る、という私たちの直感に反する。にもかかわらず、彼らはいわばメッセージが近似値であれば良しとしつつ、主として演繹法に依拠するコミュニケーションの「推論モデル」を提案したのである（Sperber and Wilson 1986/95:9-15）。一方で、同一性（単層性）を求めるコード・モデルを排除しながら、他方で同一性（単層性）に帰着する演繹法に依存しようとした。その論法をもう少し詳しく見てみよう。

関連性理論と演繹法

　次のようなやり取りがある。「ジョージは船酔いしないか」という問いに
対して、「はい」もしくは「いいえ」ではなく、「イギリス人は誰だって船酔
いなんかしないよ」という遠回しの言い方になっている。

(9)　Peter: Is George a good sailor?
　　　Mary: All the English are good sailors. (Wilson and Sperber
　　　1994:85)

　メアリの発話が、結果として「ジョージは船酔いをしない」というメッ
セージを伝えるためには、少し推論を推し進める必要がある。すなわち、

(10)　前提1：　All the English are good sailors.
　　　前提2：　George is English.
　　　結論　：　George is a good sailor.

　この推論の雛形になっているのは、前提1：If X, then Y、前提2：X, ∴
Y という形式、つまり演繹法にほかならない。 Sperber and Wilson が唱え
る関連性理論のポイントは、発話の解釈にかかる労力（Cost）と、発話から
得られる文脈的効果（Effect）を秤にかけて、その値が高ければ高いほど、
発話の関連性（Relevance）が高いと考えることにある。

(11)　Relevance（関連性）=　Effect（効果）／ 労力（Cost）
　　　Relevance ↑ = Effect（一定）／ 労力 ↓
　　　Relevance ↑ = Effect ↑ ／ 労力（一定）

　当然のことながら、「ジョージは船酔いしない」というメッセージを伝え
るのに、「はい／いいえ」とシンプルに答えた方が、「イギリス人は誰だって
船酔いなんかしない」と答えるよりも関連性は高くなる。前者の方が、発話

の解釈にかかる労力（Cost）が少ないと考えられるからだ。ならば、間接的応答とも言える長い表現を選択するのはなぜか。

それは、（はい／いいえに比べて）労力は多くかかるが、それとともに次のような余分の文脈的含意（Contextual implication）が伝わるからだと考える。

(12)　The English have much to be proud of.

(13)　The English deserve a good navy.

(14)　・・・・・・・・・・・・・・

つまり、「イギリスには誇るべきものがたくさんある」とか「イギリスには立派な海軍があって然るべきだ」などなど、「イギリス人は誰だって船酔いなんかしない」という発話が契機となって、次々に連想の波紋が広がっていくと考えるのである。Sperber and Wilson は、これを弱い推意（weak implicature）と呼び、いわば芋づる式に喚起される、そのような余分な言外メッセージが文脈効果としてカウントされ、労力が増加した分の穴埋めになると言う（Wilson & Sperber 1994:98-99）。つまり、

(15)　Relevance ↑ = Effect ↑ ／ 労力 ↑

のような図式である。

このように、Sperber and Wilson はコミュニケーションにおける推論の役割に注目しながら、それを数式にも置き換えることのできる、いわば効率のよい意味伝達に還元しようとする。その推論の中核となるのが演繹法なのである。

実は、この「推論モデル」を Sperber and Wilson が提案する背景には、

「コード・モデル」は実際の場面では役に立たないとの認識があった。たとえば、

(16)　I'll be in Dublin tomorrow.

という発話は、状況によって、まったく別のメッセージになり得る。これがダブリンにいる友人から「明日ダブリンで一緒に夕食をしませんか」という誘いに対する返事だとすれば、「OK」の意味になるが、ロンドンにいる友人から「明日ロンドンで一緒に夕食をしませんか」という誘いに対する返事だと「あいにく、ご一緒できません」の意味になる。

　コード・モデルでは、一つひとつの解釈に対して、それを生成するコードを規定する必要がある。確かに事例ごとにコードを書き出す、つまり X の文脈では「はい」の意味、Y の文脈では「いいえ」の意味というように、いちいち記述するのは、現実的に不可能とも言える。だから、Sperber and Wilson は、その難点を推論に依存して解決しようとしたのである。

　確かに、この発話を同じ文脈に放り込み、演繹法に従うと、正しい解釈が得られる。

(17)　前提1：　If I am in Dublin tomorrow, I can join you for dinner.
　　　前提2：　I will be in Dublin tomorrow.
　　　結論　：　**I can join you for dinner.**

(18)　前提1：　If I am in Dublin tomorrow, I cannot join you for dinner in London.
　　　前提2：　I will be in Dublin tomorrow.
　　　結論　：　**I cannot join you for dinner in London.**

　しかし、この論法に従う限り、「はい／いいえ」に相当する解釈は、確か
に必然的に得られるものの、結局はコード・モデルの場合と同様に、解釈は
一つに落ち着いてしまう。たとえば、せっかく夕食に誘ってくれているの
に、きっぱりノーとは言いにくいといったような、相手のフェイスを考慮し
たポライトネスに関するメッセージとか、明日ダブリンに行く予定なので、
「とってもタイムリーで嬉しい」といった喜びを伝えるなど、いわばコミュ
ニケーションに付き物の周辺的な意味がすっかり抜け落ちてしまう。ここで
は、意味の同一性（単層性）を求めるコード・モデルを排除しながら、実は
意味の同一性（単層性）に帰着する演繹法に依存しようとする矛盾が、図ら
ずも生じてしまっているのである。それにしても、どうして、このような手
法に陥るのだろうか。

コミュニケーションの通信モデル

　データを小さなまとまり（パケット）に分割して一つ一つ送受信（＝符号
化し解読）するパケット通信がインターネット上で行なわれていることから
も容易に想像できるように、コード・モデルは機械（装置）との親和性が高
い。コード・モデルを排除した段階で、Sperber and Wilson は「人間機械
（装置）論」、つまり意味の同一性（単層性）といったん縁を切ることも可能
だったはずである。5)

　それにもかかわらず、どうしてこの考え方にこだわるのだろうか？　それ
が本章の関心でもある。

　実は、人間を機械（装置）とみなし、そこには単一の（必然的な）答え
（＝意味の単層性）が用意されているというモノの見方が、私たちの理解を
促すための単なる言葉の彩（メタファー）、つまり便宜的なものではなく、
それが研究者をはじめとする西欧のアカデミアの考え方の本質だからであ
る。

　そのことを理解するためには、まずはデカルトに従い、「人間」とは五感などの感覚器官を一切剥ぎ取られた「物体」としての「身体」と、そこに宿る「理性」（＝「精神」）との合体なのだと読み替える必要がある。だから、人間とは私たち（日本人）がイメージするような五感に頼って生きる生身の人間ではないのだ。

　五感に代表される感覚的諸性質を排除したときはじめて、超自然的原理としての実体、すなわち「物体」と「理性」が残るのだ、とデカルトは考えたのである（木田 2007:122）。[6]

　ここで言う「理性」とは、より高次の実在である「神の理性の出張所か派出所のようなもの」（木田 2007:125）であるがゆえに、無駄のない秩序、すなわち効率性をもたらす性格を帯びたものでなければならない。

　他方、五感を剥奪された「物体」としての身体は、理性（魂、精神）の容器に過ぎない。理性の洞察対象となる物体とは、空間的拡がりと機械的運動から構成されるものと定義されるがゆえに、身体は機械（装置）と呼んでも差し支えない。このように考えると、人間は効率のよい情報処理装置であるという主張もまた西欧思想の申し子と言える。きれいに答えが一つ出る、意味の同一性（単層性）に帰着するのは当然なのだ。Sperber and Wilson であれチョムスキーであれ、彼らはまさにその思想を生きている（＝体現している）研究者なのである。五感を頼りに生きている私たち日本人にとって、彼らの思想はどこまでも異次元に属しており、理解不能なのだ。

まとめとして

　生成文法であれ、語用論であれ、言語研究にたずさわっていると、否が応でも西欧の研究者の声に耳を傾けなければならない。とりわけ現代言語学においては、主だった研究の発信地が西欧だからである。しかし、その言説に立ち入れば立ち入るほど、私たち日本人は、言葉では言い表わし難いしっく

りしないものを感じるようになる。その原因を辿ってみると、このように脈々と受継がれている西欧の思想・哲学へと突き当たるのである。

目に見えるものが幻影で、目に見えないものが実体だと言われて、それを鵜呑みできる日本人がどれだけいるだろうか。

そうはいうものの、あからさまに疑念を表明すれば、たちまち議論の輪に入れなくなるというジレンマがある。だから、次のような指摘に内心安堵しながらも、割り切ってその言説に与することで研究者としての自制を貫き通している人もいるのだろう。

⒆　日本人の思惟方法のうち、かなり基本的なものとして目立つのは、生きるために与えられている環境世界ないし客観的諸条件をそのまま肯定してしまうことである。諸事象の存する現象世界をそのまま絶対者と見なし、現象をはなれた境地に絶対者を認めようとする立場（すなわち西洋思想、筆者）を拒否する傾きがある。このような思惟方法にもとづいて成立した思惟形態は、明治以降の哲学者によって「現象即実在論」と呼ばれ、一時、世に喧伝せられたが、その淵源はきわめて古いものである。（中村 1962:11、傍点筆者）

しかし自制を貫き通すと言うと聞こえはいいが、みずからの心に生じた疑念に対して知って知らぬふりを通すのは「自己欺瞞」ではなかろうか。まさに西欧思想の本家本元である哲学研究の世界でも同じことが起こっているようで、次の木田の言葉を重く受け止めたい。[7]

⒇　ニーチェ以降の現代欧米の哲学者のものを読んでいると、彼らにしても、こんなもの（＝超自然的原理＝神）を頼りにものを考えるのはおかしいと思っていることに気がつく。というより、彼らはそうした超自然的原理の設定を積極的に批判し解体しようとしているわけなん

で、そう思ったら、これまでの日本の哲学研究者たちの集団自己欺瞞がおかしくて仕方なくなりました。（木田 2007:38、傍点筆者）

　大いに問題だと感じられることは、西欧の理論に共鳴することは、その背後にあるイデオロギーにまで手を染めることになるという認識を多くの研究者がもち合わせていないのではないかという点である。あまりにも気軽にそして唐突に、西欧発の主義・主張・手法を次々と受け容れている人たちの姿を見ていると、そのイデオロギーに頓着しない、あるいはその存在すら知らないのではないかとさえ思われるのである。

　先ほどの引用に続けて木田は、自分自身やっぱりおかしいと口に出して言えるようになったのは「五十を過ぎてから」だったと告白している（木田 2007:38）。されば同じ齢になった筆者も、この際長年の胸の閊えをおろし、同時にみずからへの戒めとしたいという思いをこの小論に込めていることを付言しておく。[8]

註

1）ブラック（1992:143）、および野内（2008:41）を参照のこと。
2）木田（2007:35）、および野内（2008:39）を参照のこと。
3）チョムスキーの著作はもちろんのこと、彼の人となりについても網羅的な記述のある『チョムスキー小事典』の「記号論」の項で、チョムスキーと西欧思想の深いつながりについての解説がある（今井 1986:238-40）。しかし率直なところ、その記述はわかりにくい。「（チョムスキーの理論は〈言語記号論〉と読み取ることができ、）言葉を実在の表象ないしは代行・再現物とみなすものであって、この立場をとる記号論者は、ア・プリオリとしてロゴスの現前を疑うべからざるものとして措定する」という解説からは、個別言語（ロゴス）が幻影どころか、真の存在（現前）であるかのようにも受け止められる。もちろん、そうではないのだが、「実在」という言葉の意味も含めて、この解説を正しく理解するためには、結局チョムスキーの背景にある西欧思想をきちんと押さえていなければならない。やはり言語学の世界にまともに入る大前提として、西洋哲学の知識が不可欠だと言える。ついでに言うならば、「神は死せり」の言葉で知られるニーチェは、プラトンから脈々と引継

がれてきた超自然的原理（プラトン）＝絶対者＝神（キリスト教的観念論）は、もともと存在しない虚構であって、西欧文化がありもしない価値観の上に築かれた、いわば砂上の楼閣であることを批判的に述べたのだと言われる（木田 2007:181-2、また「高等詐欺」というニーチェの言葉を引用する野内（2008:41）も参照のこと）。しかし、小事典には「ニーチェが「神は死んだ」と言った神はさしあたりキリスト教の神ではあっても、その内実は「世俗化されたプラトン主義」であり、これこそ形而上学的諸価値のシンボルにほかならなかった」（p. 240）とある。西欧思想のまさに頂点に神がいることを説明するために、その伝統を批判した側にいるニーチェを、なぜか何の説明もなく引き合いに出している。実に不可解である。

4）ちなみに、唯一的結論を導き出す論理は「単調論理」（Monotonic logic）とも呼ばれる。他方、アブダクションやデフォルト推論のように一つの結論に収斂する確約がないものは「非単調論理」（Non-monotonic logic）と呼ばれる。秩序を生成するイデアの追求に、二つ以上の結論をはらんだ非単調的論理は不都合なのだと言い換えることも可能である。

5）池上（1982:45）が言うように、「記号表現と記号内容の結びつきが固定化してしまった「記号」ばかりを扱う（＝信号機の「緑」と「進め」の関係）のではなく、「記号」（や「構造」）という用語がもっとしなやかに使われることに注意したい」。そこでは、もはや「記号」を対象とするというより「意味作用」を対象にすると言った方が、適切かも知れないのである。

6）デカルトにあっては、「理性」と「物体」に実体があるが、身体（＝「物体」）がなくても存在しうる「理性」が重要である（木田 2007:123）。何物かが「物体」として存在しうるか否かを決定するのは、あくまでも「理性」だから（木田 2000:149-50）。

7）知って知らぬふり、見て見ぬふりをするのは、日本人の本質であるとの指摘もある。長谷川三千代は、このいわば「無視の構造」を「漢意（からごころ）」と呼び、それは「単純な外国崇拝ではない。それを特徴づけてゐるのは、自分が知らず知らずのうちに外国崇拝に陥ってゐるという事実に、頑として気付かうとしない、その盲目ぶりである」という（長谷川 1986:53）。我が意を得たり、とも言える長谷川の考え方に目を向けてくれたのは、本論で何度か引用した川崎（2005）である。科学者である川崎の議論は実に示唆的で、本稿を書く大きなきっかけとなったことをここに記しておきたい。

8）本章の初出は 2008 年で、筆者 51 歳のときの論考である。木田と同じ年齢に至っての所感であることを記録に残すため、あえて「同じ齢になった筆者」との記述を残した。

第7章　呪縛からの解放（試論）

意味の複層性

　前章で見たとおり、一つの解（意味の単層性）への執着は、フィクション（虚構）が実在して、ノンフィクション（事実）が虚構であるという、おかしな言説を生み出す。何よりも、曖昧さや流動性といった、意味の複層性を排除してしまう難点を抱えている。この章では、どのように考えれば、そのような矛盾を避け、難点を克服できるか、一つの試論を提案したい。

　先に「スキリプト」（Schema + script）という言い方をしてみた（p. 90）。図式とスクリプトの融合体である。図式とはスタティック（静的）なシンボルとも考えられるが、それにはいろいろなメッセージが押し込められていることがある。中沢（2004）からアメリカの1ドル紙幣の例を紹介しよう。ここには、多くの図象が描かれていて、それぞれ意味（私たちの言うナラティブ）の象徴として包含されている。

　(1)　ピラミッド（象徴）：　中世の石工組合から出発した啓蒙思想の団体（＝フリーメーソン）が十字軍と一緒にエルサレムに出かけて、破壊されたヤファウェの神殿の再建にたずさわった。

　(2)　ピラミッドの真ん中の大きな眼：　人々を古い宗教のくびきから解き放って啓蒙していこうとする、フリーメーソンの真理の理想を表現している。[1]

　中沢（2004）は、これを「意味の圧縮」と呼んでいる。図象という二次元もしくは三次元的な存在に、（「いま・ここ」の世界から「よそ」の世界へと、）空間を越えつつ、そこに歴史という時間の概念を融合させることで、

それらを一つのナラティブに押し込める。「意味の圧縮」とは、そのような行為である。

　おもしろいことに、私たちが1ドル紙幣を使う日常の場面では、このナラティブが意識にのぼることはなく（というか、のぼる必要はなく）、たとえば何かのきっかけで紙幣に描かれたピラミッドや眼が気になったときにのみ、はじめてその存在が明らかになる。まさに、通常は物言わぬ（サイレントな）存在なのである。

　こういうナラティブは、トリビア（trivia）と呼んでもよいもので、いわば「知る人ぞ知る」ものであって、知らなくてもまったく差し支えない。現に、このことを知らなくて買物に困った人はいないだろうし、反対に何かことあるごとに、このようなトリビアが意識にのぼってくるようでは、うるさくて仕方がない。むしろ生活に支障をきたすかも知れない。これは、サイレント・ナラティブを基盤にして、コミュニケーションを説明しようとする際に、注目しておきたい点であった。[2]

夢・神話・流動的思考（アリストテレス論理学が通用しない世界）

　「意味の圧縮」には、時空を超えた自由さがある。今と過去、あるいは「ここ」と「そこ」が（ある意味）自由に入れ替わる。夢の世界もまた、そうであろう。今ここにある現実が一瞬にして過去のあそこにあった（はずの）場面、またはまったく現実に経験したことのない場面へと瞬時に入れ替わる。ある瞬間のテーマが契機となって、まるで連想ゲームをしているかのように、次の瞬間のテーマへと転じる。そのプロセスでは、空間も時間も一瞬にして別の世界に転じる。現の世界では矛盾に満ちているはずの展開を、夢の世界の私たちはそれを何の疑いもなく受け入れている。[3]

　河合（2013:19）によると、（中世日本に記録をとどめる）夢の中では、生と死（生者と死者）、現実と空想、自己と他者、さらには人と自然の間でも

明確な区別がない。おもしろいことに、同様のことがオーストラリアのアボ
リジニーの伝説「ドリームタイム」にも見える。[4] そこでは、聖霊を介し
て、男が白鳥になったり（エリス 1998:26-30）、息子たちを失った母親がダ
イシャクシギになったり（エリス 1998:22-25）、かわいい少女がブロルガ鳥
（豪州ツル）になったり（エリス 1998:18-19）、まるで人と自然（生物）の
間には境界がないかのように語られる。

　「西洋の歴史において、自然は文化や文明と対立する概念であって、常に
人間によって客観されてきた（河合 2013:19）」。これに対して、中世日本の
記録にとどまる夢の話やアボリジニーの物語に現れるのは、変幻自在に人と
自然が入れ替わる世界である。[5] すべてが流動的で、「宇宙における全ての
ものはそれがあるがままに流れ、あるものが別のものを象徴している必要な
どない（河合（2013:22）、傍点筆者）」。

A=B であってもよいし、全体＝部分であっても構わない。

　ここで重要なことは、本来は異なる存在であるはずの A と〜 A の間に、
「A は A でないものと同じ」という命題が成り立つことである。「私はあな
た」であり、「あなたは鳥」であってもよい。アリストテレス論理の矛盾律
は見事に覆されてしまう（中沢 2004:25-26）。

　また、これを敷衍すると、部分としての A は、全体を指す B と同じでも
あり得るわけで、全体＝部分までも認められることになる。アリストテレス
論理学では、全体 B は部分 A を含意（B ⊃ A）するが、部分 A は全体 B を
含意しない（A ⊅ B）はずだが、夢の世界では、これもまた覆される [6]

　あえて神話的思考という言葉で、私たちが学問の世界で馴染みある科学的
思考と対立させると、前者ではすべてが流動的で、それゆえ変幻自在、融通
無碍に形が変わる世界である。そこは「X は A である」とも、「X は B であ

る」とも断言できない世界である。

「ぼかしの論理」と南方熊楠

　本来、Ａが真であればＢが偽であり、Ｂが真であればＡが偽のいずれか
であって、ＡでもなければＢでもないという中間は存在しない。それがア
リストテレス論理学の排中律の考え方である。しかし、鶴見（2001:100）が
「ぼかしの論理」と呼ぶ、排中律を排する考え方もある。鶴見をそういうも
のの見方へと誘ったのは、南方熊楠が生涯にわたって研究の対象とした粘菌
の生態であった。

　粘菌とは、人間から見て死んでいると考えられる状態が最も活発に生きて
いる状態であり、生きていると見える有様は、実は仮死の姿であると言われ
る（鶴見 2001:82-83）。粘菌は、その生態が流動的で、まさにＡでもなけれ
ばＢでもない。Ａ（生）とＢ（死）の中間、つまり境界領域の生き物なので
ある。つまり、世の中には、排中律できれいに切り分けていくことに馴染ま
ないものも存在する。南方熊楠が生涯をかけて研究した粘菌はそのことを私
たちに気づかせてくれると言う。

　端的に述べると、西欧近代科学は二者択一の世界である。一方、粘菌の研
究から見えてくるのは、二者択一の論理では、扱いにくいものが世の中には
存在するという点である。というか、そちらの方がむしろ多いのではないだ
ろうか。

　たとえば、鶴見（2001:100）が、曖昧さを許容するファジー理論に共感し
つつ指摘するように、（二者択一の世界である）寒暖計が20度を指したとし
ても、実際には人の頭の位置と足の位置とでは微妙に温度が違う。「20度か
そのあたり」という表現の方が直感的にも心地がよい。[7] また温度との連
想で言えば、それは入浴のお湯加減であったり、お酒の熱燗の加減であった
り、ほどよい程度で「良しとする」場面が日常生活の中でいかに多いこと

か。

　ここで、コミュニケーションの現場に立ち返ってみよう。

(3)　*In a post office.*

　　Mr. Logic: **Do you sell postage stamps?**

　　Clerk: Of course. How many do you want?

　　Mr. Logic: I do not necessarily require any. I merely asked whether
　　or not you sold postage stamps.　（Grundy 1995:93）

　「切手はありますか」という疑問文に対する受け答えは、確かに「ある」
か「ない」かのいずれかである。二者択一の世界だ。しかし、郵便局でその
ような問いを発するということは、「ある」か「ない」かを聞いているので
はなくて、それは「切手を買いたい」というメッセージになることを私たち
は知っている。[8]　Mr. Logic の「切手を売っているかどうかを尋ねただけで、
欲しいとは言っていない」という発話は、論理的には、つまり二者択一的に
は道理であるが、日常的には屁理屈、つまり見当違いになってしまう。

　西垣（1995:78-79）も指摘するように、場面に配慮しながら「話し手は、
〈つじつまのあった〉話をしようとし、聞き手はそれを〈もっともらしく〉
解釈する」のがお約束である。[9]　日常言語には二者択一ではない余白のよ
うな緩衝地帯のようなものがあって、[10]「それを排除すべきものというよ
り、意味創生＝解釈をゆるす空間」としてリザーブ（取り置き）しているの
である。

　私たちは、矛盾を探知して「排除する」よりも、着地点を求めて「共生す
る」営みに関心がある。[11]　共生とは、（A か B かの）排除で成り立つ二者
択一の論理が最も苦手とする営みであって、すべてを（アリストテレス）論
理で片付けようとする試みの難しさがここにある。

必然と偶然

　さて、前章で指摘したとおり、二者択一の論理の難点は背後にある思想と大きく関係するのであった。

　二者択一の世界、言い換えると、「排除」の論理に固執するのは、答えを一つに絞ろうとするからである。真理は一つでなければならないのである。古典的な西欧の形而上学では、論理的推論、つまり理由律を介して真理に到達できると考えられていた。理由律とは因果律であり、原因が定まれば結果も定まる、結果を見れば原因も同定できる。両者は必然法則で結ばれている。だからこそ、答え（真理）はいつも一つと言い切れる（言い切れなければならない）。12) ちなみに、19 世紀の自然科学の目標は、まさに因果律の追求であった。

　しかし考えてみると、真理に至る方法としての因果律とて西欧思考における一つの仮説である。言い換えれば、それは壮大なナラティブにほかならない。なれば、それとは異なるナラティブがあってもよいはずである。

　粘菌とともに（あるいは、その延長線上で）真言密教の方法を深く追求した南方熊楠は、すでに 100 年以上前に、西欧自然科学（の知見）は「真言の僅少の一部」としてその正体を喝破している。西欧の形而上学とその流れをくむ自然科学は因果のみを説く（がゆえに、限界がある）が、仏教は因縁を説く。因縁の「因」は因果律だが、これに「縁」、すなわち複数の必然系列の間の偶然の出会いにも、仏教は注目する。13)「因」が必然ならば、「縁」は偶然で、この二つを把握してはじめて、自然現象なり社会現象を捉えることができる。そういう仮説、あるいはナラティブがあってもいいではないか、というのが熊楠の言い分である。

　すでに明らかなように、日常のコミュニケーションはもとより、私たちの

生活にはさまざまな謎解きが絡んでいる。ここでは、アリストテレスの考え
を紹介する野内（2008:103、傍点筆者）の事例を見てみよう。

(4)　ある人がそのつもりは全然なくて出かけて行った先で運良く金を貸し
　　ていた相手に出会い、その金を取り立てることができた場合。この原
　　因は「無限に多くあり得る」とアリストテレスは言う。彼がそこに
　　行ったのは誰かに会うためだったかも知れないし、あるいは何かを見
　　物するためだったかも知れない。

　常に必然を求める因果律を、この「取立て成功」という結果に適用する
と、この人が出かけた原因は「取立てのため」というオプションしかなくな
る。原因と結果は一意対応するしかない。

　しかし、実際の原因は無限にあり得る。偶然とはそういうものである。こ
れは、アリストテレスの言う付帯的偶然、プラトンの言うカオス（＝カオス
は「偶然」の別名）でもある。そのような付帯的な物事（カオス）に関する
学（＝認識）は存在しない、だから無視しなければならない、というのが西
欧形而上学の基本的スタンスである（野内 2008:107、傍点筆者）。

　しかし、この借金取立ての偶然のように、発話の解釈も必然に収斂しない
例は、いくらでも考えられる。

(5)　Me: That's funny. I thought I put in some new batteries.
　　Nephew: [*Going extremely red*]: The ones in my (toy) engine still
　　work!　　　　　　　　　　　　　　　　　　　Thomas (1995:71)

「変だな、新しい電池入れ替えたと思ったのだけど」という私の発話はそ
れ以上でもそれ以下でもない、単なる独り言である。ところが、それを聞い
た甥の「ボクのおもちゃの電池は切れていないよ」は、この独り言への反応

ではない。「誰か、電池をすり替えたのでは？」と叔父が自分を告発していると解釈して、（ボクのおもちゃの電池は切れていないのだから）「犯人はボクじゃないよ」と否認しているわけである。

　ここでは独り言が独り言として正当に解釈され、それ以外のメッセージが現れる余地がなければ、それは必然の世界と言える。しかし、甥がそのように解釈したように、「変だな、新しい電池入れ替えたと思ったのだけど」は、犯人告発の解釈も十分にあり得る。あるいは、独り言の線をさらに辿れば、「新しい電池と思ったのは自分の勘違いだったかな」という自責の解釈だって可能であろう。

　となると、発話の原因たるメッセージを一つだけ特定することは不可能で、これはカオス（付帯的偶然）の世界に属する話になる。しかし、そう考えた瞬間に、これは真理を追求する学の対象ではないことになってしまう。

カオスの世界

　ところが、私たちはむしろカオス（付帯的偶然）の世界に関心がある。それだと、真理を追求する学の対象にはならないと言われても、コミュニケーションに関心がある私たちは、どうしてもカオス（付帯的偶然）を説明したくなるのである。そこには、自動販売機のように、ボタンを１つ押せばお目当てのドリンクが１本出てくる機械的な対応関係、つまり発話と解釈の一対一対応関係はない。

　乱暴な言い方をすると、発話解釈とは、ボタンを一つ押すと、あたかもランダムな選択の結果、どのドリンクが転がり落ちてくるかわからない、（一見）カオスの世界なのである。ただ、ランダムに見える選択肢に規則性・法則性を見出そうというのが、私たちの試みである。

　しかし、そのカオスの世界に切り込むということは、二つの意味で無謀な

試みでもある。一つには、みずから伝統的に正統とされる真理追求の道から外れることを宣言するようなものだから。これは学者廃業宣言に等しい。前章で見た、超自然的原理に疑念を抱き、それに抗うという無謀な試みとまったく同じなのである。

　もう一つは、分析・整理のつかない状態をカオスと言うのであって、あえて分析・整理をしようという試みが、仮に成功するということは、カオスではなくなるという自己矛盾に陥ってしまうから。目鼻口を与えた瞬間に混沌は死んでしまったという中国の故事を思い出させる。14)

　つまり、カオスに手を染めるということは、従来の西欧式学問の枠組みに別れを告げることを意味し、カオスに秩序を与えようとすることは、あえて矛盾に挑むことを意味する。いわば禁断の果実に手を出すことに等しいのである。

あえてカオスの世界へ

　さて、一つの結果が一つの原因から導き出されるという必然の世界に当てはまらないものを追求するという試みは、必然かカオスかという二者択一の枠の中で考えると、それは必然的にカオスの世界を選択することを意味する（左図）。ここでもまた、二者択一による分断の世界が登場するわけだが、

　二者択一による硬直した枠組みではなく、一見対立する要素が共生する（鶴見の言う「ぼかしの論理」が通用する）空間を設けてみるとどうなるであろうか。

　そこでは、截然と区割りのできる「必然」が一端となり、反対の一端には正真正銘の「カオス」が位置する連続体である（右図）。これだと、「必然」でなければ「カオス」、「カオス」でなければ「必然」という極論に陥ることがない。必然とは答え（真理）が一つの世界であり、反対にカオスは予測不可能な世界で、後者は当然のことながら原理化・規則化にも耐えない。しかし、（程度の差は想定しながらも）その中間に、いわば緩衝地帯みたいな領域があって、もはや必然ではないが、完全に偶然とも言い難い世界があって、そこでは一定の制御が可能だと考えるのである。

南方曼荼羅の思想

　ここで、粘菌の生態から、排中律を排する考え方を展開した南方熊楠に話を戻そう。熊楠の考え方の根本には粘菌とともに、仏教でいう「因縁」の思想があった。因縁の「因」は因果律の因だが、「縁」は必然性に対する偶然性を指す。自然界を含めて、人間を取り巻く環境には、この「因」と「縁」が混在しているという、私たちにとっては、ある意味、当たり前にも思えることに、熊楠は着目する。鶴見（2001:102-103）から引用しよう。

(6)　ある若い人がはじめてのサラリーで母の日のプレゼントを買いにデパートへ行き、買物を済ませる。一方、サラ金の取立てに苦しむ別の若者がいて、彼はデパートの屋上から自殺を図る。この二人が衝突して、両者とも亡くなってしまう。自殺志願の若者は思いを遂げたが、もう一方の若者は母親へのプレゼントを果たすことができなくなった。偶然の出会いによって、流れが変わってしまったのだ。

　「因」と「果」とが直線で結ばれている次ページの右図は必然を表わす。ところが、上のエピソードでは、二人の若者が出会う（点 O）という偶然をきっかけとして、「果」が折れ曲がった方向に生じてしまう（次ページの左図）。この必然と偶然が出会う地点を「萃点」（すいてん）と呼んで、そこから物事を観察すると、私たちの言葉で言う謎解きがしやすくなる。必然の流

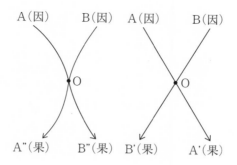

れに偶然が交差して、あるいは偶然に必然が交差することで、結果が変わり得る。それが世事の常と考えるからである。

萃点：偶然の分岐点

このように、結局のところ、世の中は「必然」により確かな答え一つが用意されている場所ではなくて、[15]　さまざまな「因」が「萃点」を経て、偶発的に導き出される現象が生起する場なのだと考えることによって、さらに興味深い議論が少なくとも二つ可能になる。

一つは、萃点を通過する「因」の多様化に伴い、「果」との関係が相対化されること。

もう一つは、そのように相対化することにより、さまざまな現象を関係性の網の目の中で規定することができるようになり、西欧哲学が長く抱える難点の克服が可能になることである。

絶対的「有」の美しさと矛盾

Robelli（2021:148）も指摘するように、西欧哲学は何が基礎かという問いに答える試みの中で、すべてが生じる絶対的な出発点が重要となる。その候補として、物質、神、魂、（プラトンの）形相、（カントの）ア・プリオリな形式、絶対精神などなど。そして、いまだかつて、究極の出発点として万人

に受け入れられたものはない。

　しかし、このように出発点（存在の基礎）として、絶対的な何かがあると
想定し、それに固執する考え方は、後々に非常に厄介な問題を引き起こすこ
とになる。ここでは、「ある」の難問の起源とされるパルメニデスの議論を
要領よく解説してくれる長谷川（2010）に耳を傾け、この厄介な問題の本質
を考えてみよう。

　パルメニデスの議論のエッセンスは、以下のようにまとめられるだろう。

(7)　「ある」はある、「あらぬ」はあらぬ
　　　「ある」は語られ、思惟されることが可能
　　　「ある」ものは不生・不滅で、全体なるもの、唯一なるもの、揺ぎな
　　　き、全きもの
　　　「あらぬ」は語ることも思惟することもできない

長谷川（2010:76-80）

　この、いわば絶対（あるいは純粋）の「有」においては、「無」は徹底的
に排除されることになる。その出発点としての「有」を、神と呼ぶのか、形
相と呼ぶのか、絶対精神と呼ぶのかはともかくとして、それを不生、不滅、
全体なるもの、唯一なるものと考えることが、以下で見るような、さまざま
な不具合を呼び起こすことになるのである。

　まず「不生」、つまりは生成の否定である。ものが生まれるという事態は、
その前段階に「あらぬ」がなければならない。無（あらぬ）は語ることも思
惟することもできない、つまりこれを排除することは、前段階を否定するわ
けだから、確かに「不生」は、理屈としては正しい。

　次に「不滅」、つまりは消滅の否定である。ものがなくなるということは、

次の段階として「あらぬ」が生まれることになる。無（あらぬ）はもともと排除されているし、そもそもそのような状態が生まれること、つまり生成さえ絶対に許されない。だから「不滅」も、理屈としては正しい。

しかし、「ある」と「あらぬ」、つまり存在を考えるとき、私たちは、具体的なレベルでの運動、あるいは抽象的なレベルでの変化の観点から、それを理解しようとする。

たとえば、目の前に何かが「ある」と認識するようになる前段階には「まだない（あらぬ）」という状況があるはず。つまり、物体 X が A 地点（にまだない）から B 地点（にある）へと移動したという状況である。

今度は移動から状態へと目を転じよう。目の前の状態が「ある」と認識される前段階には、それが「まだない（あらぬ）」という状態があるはず。つまり、状態 X が A 地点（まだない）から B 地点（ある）へと変化したという状況である。

しかし、「揺るぎなきもの」とは、移動も変化も許さないわけだし、いずれの場合も「まだない（あらぬ）」と（次の段階として）「もはやない（あらぬ）」は、「不生・不滅」の原則により、見事に排除されることになる。

では、「全体なるもの、全きもの」はどうだろうか。次の例を考えてみよう。Langacker（1991）の説明がおもしろい。

(8)　But suppose, now that I stand right up against the wall and stare at the middle of the red-painted region, so that I can see no white at all – the red sensation totally fills my visual field. In this situation I cannot felicitously say I see a red spot. Instead, I would say **I see (nothing but) red.**

（Langacker 1991:65）

　壁の真ん中に大きな赤色の円が描かれていて、その周辺は白塗りになっている。遠くから見ると、赤と白のコントラストが明白である。ところが、壁に近づき、視界には円の赤色だけが入るように立ってみる。もはや白の（つまり、「赤でない」）バックグラウンドが見えないため、全体が未分化となり、それを表現すると "I see red"（目の前が真っ赤）という無冠詞表現になる。これは、白と赤が分化したときに "a red spot" のように不定冠詞が付くのとは好対照である。

　「全体なるもの、全きもの」とはそういうもの、つまり目の前が真っ赤という状態であろう。つまり、分化（＝分割）が許されない、のっぺりした世界のことである。もちろん、分化（分割）をするという行為は、「あらぬ」ものを生成して他と区別することになるし、全体が消えてしまうことを意味するので、「不生・不滅」の原則にも抵触する。

　そして「全体なるもの、全きもの」は、分化・分割を許さない、つまり「それしかない」ことを意味するので、「唯一なるもの」とは、「それしかない」という考え方の論理的帰結でもある。

　このように、「無」を徹底的に排除しながら、「絶対（純粋）有」を語る試みは、いわば水も漏らさぬ、論理的にきわめて堅牢なナラティブを構成する。

　しかし、冷静に考えてみると、私たちは具体的な存在、つまり「有」と「無」に関心があるのであって、そこでは「Xがある」とか「Yである」とかを論じることができなければ意味がない。XやYの所在や属性を語るためには、先ほどの "red" に対する "a red spot" のように、未分化から分化への移動がなければ、話が始まらない。

　だから、生成、消滅、移動、変化、そして何よりも分化を認めないナラ
ティブは、主体となるＸやＹを具体的に同定することさえできない。長谷
川（2010:87）がいみじくも指摘するように、「『真理』をつかむどころか、
一切の知的『探求』が不可能になってしまう」のである。

　パルメニデスの議論は、知的には美しいかも知れないが、これに固執する
と、私たちは永遠に厄介な問題を抱え込むことになる。[16] 論理的に美しい
ナラティブに拘泥することで、知的探求ができない、あるいは重荷を背負い
ながら探求することになっては、本末転倒というものであろう。

　だから、これを解決する鍵は、ものの見方を逆転すること、つまり現象を
相対的に見ること、そして「絶対（純粋）有」からの離脱にある。相対化は
不可避なのである。

曼荼羅の思想（相対化という考え方）

　相対化は魅力的である。いくつもの要因を相対化することにより、さまざ
まな現象を関係性の網の目の中で規定することができるようになるのだ。前
節で見た萃点の思想では、いくつもの「因」が萃点で交わることで、必然で
は予想できなかった「果」をもたらす事例を説明することが可能となる。

　通常のコミュニケーションにおいても、「果」として現れる発話（あるい
は記号行為）と、それと結びつく「因」としての意味・意図とは、必然的に
結びついているケースは少なく、むしろ状況・場面との関係性の中で両者の
関係が推定されることの方が一般的と言える。

　たとえば、「君は何歳だ」という発話（「果」）は、赤の他人が単純に年
齢を尋ねる問い（「因１」）でもあれば、「大人にもなって何を考えているの
だ！」という父親の立場からの非難（「因２」）かも知れないし、「いい年齢
なのだから一人で考えなさい」という心理カウンセラーからの忠告（「因３」）

かも知れない。

　この「果」から「因」を結びつけるプロセスは、まさにアブダクションで
あって、必然を算定する演繹推論とは異なり、必ずしも正しい「因」に結び
つくとは限らない。間違った「因」と結びつけてしまうのが、コミュニケー
ションでよく起こる誤解であり、ミスコミュニケーションである。

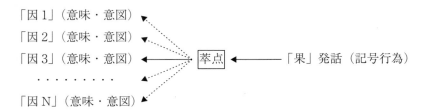

　コミュニケーションにおいては、この萃点に当たるのが聞き手（読み手）
であって、その視点や知識・情報というフィルターを通して、「果」から
「因」を推論するプロセス（アブダクション）が起動することになる。

南方曼荼羅

　コミュニケーションにおける発話（記号行為）解釈のプロセスを表わした
上の図を含め、南方熊楠が描いた曼荼羅（南方曼荼羅）もまた、紙面では二
次元的なものになる。

　ただ、これは立体的（三次元的）な様子を表わしたもので、南方熊楠によ
れば、「図のごとく…前後左右上下、いずれの方よりも事理が透徹して、こ
の宇宙を成す。その数無尽なり。故にどこ一つとりても、それを敷衍追求す
るときは、いかなることをも見出し、いかなることをもなしうるようになっ
ておる」（南方熊楠（1991:307-309））。つまり、前後・左右・上下あらゆる
方向から流れてくる一切の理が萃点（見にくいが図中の（イ））を経由して、
一つの道筋（「因」と「果」の関係）となる。すべての現象は、道筋として
現れる、そのような関係性の中で捉えられるのである。

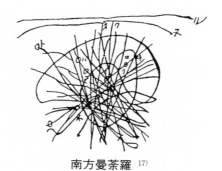

南方曼荼羅 [17)]

相対性と萃点の移動

　このように、聞き手が萃点となって、「果」としての発話を、「因」としての意味・意図に結びつけるプロセスは、必然ではなく、とは言え完全なカオス（偶然）でもない。それは、一定のナラティブに沿って起動する推論過程なのである。

　先ほどの「君は何歳だ」の例のごとく、萃点に位置する話者は同一人物であっても、場面によっては、他人に接する大人（因1）かも知れないし、息子に対する父親（因2）かも知れないし、職業としての心理カウンセラー（因3）かも知れない。そこには絶対的な視点は存在しなくて、それぞれの立場によって異なるナラティブが立ち現れる。萃点とはきわめて相対的なフィルターなのである。鶴見（2001:154）は「萃点は移動する」という言い方をしたが、要するに世界の切り取り方は絶対的ではなく相対的であることを指摘しているのと同じことである。

思想パラダイムからの解放

　ここで問題をいったん整理しよう。言語、非言語を問わず、記号によるコミュニケーションを説明するには、依拠すべき枠組み、つまりバックボーンとなる思想が必要になる。他の諸科学と同様に、言語学もまた、その誕生・発展の経緯から西欧の考え方がそのルーツにある。それが、因果律（理由

律）の支配する世界観であった。原因が定まれば結果も定まる、結果を見れば原因も同定できる。両者は一意対応していて、必然の関係を結んでいる。すべては二者択一でなければならない。

　演繹法は、前提さえ正しければ、得られる結論は必ず正しい。いわば必然性の公式である。だから、Sperber and Wilson のように、一意対応に縛られたコード・モデルを排除しようとしつつ、代わりの認知モデルの基盤として、何のためらいもなく演繹法を採用してしまった（本書 p. 116-119 参照）。一意対応を排除しつつ、結局は一意対応に落ち着いてしまう。必然性を生み出す世界はそれほど心地よいのである。

　一方、本書が注目するアブダクションは、文字どおり仮説推論であるから、必然性とは無縁の世界である。すべては場面・文脈に依存しており、意味は相対的関係の中から紡ぎ出される。あえて違いを強調するならば、そこは偶然性の世界であった。しかし、残念ながら、偶然性の世界とは因果律を金科玉条とする西欧思想が目もくれない、むしろ論外の考え方であり、危険思想であり、（仮に許されたとしても）別世界に過ぎない。

　この別世界にあえて身を置こうとすることは、まさに「従来の西欧式学問の枠組みに別れを告げる」ことであり、「禁断の果実に手を出す」（本書 p. 133）ことである。それは学問を捨てることであり、研究者として自殺行為に等しい。だから、日本の研究者たちは、どこか変だとは思いつつ、黙って伝統に従う。木田（2007:38）が、「集団自己欺瞞」という強い言葉で非難する（本書 p. 122）わけである。

新しい数学

　実は、これに似たおもしろいことが最近数学の世界で起こった。

　数学の世界で超難問とされる「ABC 予想」を証明したという望月新一・

京都大学教授の理論がもたらした衝撃と葛藤である。これは宇宙際タイヒ
ミュラー理論（Inter-universal Teichmuller Theory）と呼ばれ、数学の宇
宙を一つではなく、もう一つ考えようというもののようだ。この場合、宇宙
とは数学をする上で「必要な道具一式」であり、計算したり理論を証明した
りするための「舞台」（Theater）にもなぞらえられる。[18]

　この舞台にもなぞらえられる二つの宇宙をそれぞれ宇宙 A、宇宙 B と呼
ぶことにしよう。宇宙 A の数 X は、宇宙 B では X^2 が対応する。だから宇
宙 A の 7 は宇宙 B の 49、また宇宙 A の 8 は宇宙 B の 64 とつながっている。
宇宙 A の 7 と 8 を掛け合わせると 56 になるが、宇宙 B の 49 と 64 を掛け合
わせると 3,136 になる。この 3,136 の平方根は 56 なので、宇宙 A と宇宙 B
は掛け算に関して、対応関係が成り立っていることになる。宇宙 A と宇宙
B は同じなのである。

　さて、今度は同じ数字を使って足し算を行なってみよう。宇宙 A では 7
足す 8 は 15、宇宙 B では 49 足す 64 で 115 になる。115 の平方根はという
と、もちろん 15 にはならない。つまり、 足し算に関して、宇宙 A と宇宙
B は異なるのである。

　どうやら、望月の意図は ABC 予想を証明するために、掛け算と足し算を
引き離すことにあるようである。超難問を証明できたとする知らせに対す
る衝撃は、この考え方がきっかけとなって葛藤に転じる。なぜかというと、
「『同じ』だといって見せた宇宙 A と宇宙 B を、次の瞬間には『異なる』も
のとして扱うから。数学の世界では『同じ』とみなせるものはどこまでも
『同じ』とみなすから」（デイビッド・ロバーツ アデレード大学助教）、同じ
ものを同時に異なるものとは考えられないというのである。[19]

　あるいは、望月の理論は「2 は 4 だと言っているようなもので、そんなこ
とを言ったら数学は破綻してしまう」（テイラー・デュピー バーモント大学

助教）つまり、「A＝～A」（Aであり同時にAではない）と言明している
わけで、まさにそれは（アリストテレス）論理学矛盾律に抵触するわけであ
る。

　この騒動で起こっていることは、これまでの数学で認められている「道具
一式」（世界A）をいったん破棄して、それを別の「道具一式」（世界B）に
変えてみようというわけで、これまで大前提となっていた考え方・約束事が
反故になる。そんなことが罷り通れば、これまで脈々と続いてきた数学（の
世界）そのものが崩壊してしまう。いわば言葉も価値観も通じない人物の登
場に、まるで聖書に出てくるバベルの塔の混乱の如く、学会（会議）そのも
のが異様で険悪な雰囲気に包まれたのである。

　もとより筆者は、数学の理論的な内容に立ち入ることはできないが、別の
宇宙、つまり異なる虚構を提案することにより数学界に生み出されたこの深
刻な軋轢が、本書で論じている西欧思想の呪縛を思い出させる点が興味深
い。

　数学の世界で問題になっている宇宙には、そこで話される言語、あるいは
円滑なコミュニケーションを可能にする価値観があって、構成メンバーであ
る数学者がその言語・価値観を共有している。一般的な学問的立場からは、
「宇宙」とは「パラダイム」という言葉に置き換えた方がよいだろう。

　そのパラダイムを大転換しようと企てることは、望月（2019）の言葉を借
りるなら、「研究者が長らく『あり得ない』ものとして認識してきたものを、
『立派にあり得る』ものとして受け入れてしまうとなると、夥しい数の社会
的な構造や組織、地位等が立脚している（中略）「固定観念」や「評価の物
差し」を根底から否定し、覆すことを意味する」。[20] 体制（エスタブリッ
シュメント）にとっては、何としても排除したい危険思想なのである。

　この危険思想という言葉がおもしろいではないか。一意対応を保証する必然性を根幹とする西欧思想が偶然性を排除する構図とまったく同じなのである。

　しかも、このエピソードでは、恩師や同僚たちが、望月は言葉を尽くして新しい理論の説明をしていないと不満を述べている。その背景には、世界のすべては言葉で言い尽くすことができるという暗黙の了解と、言葉への全幅の信頼が潜んでいる。しかし、本論の議論を思い出してもらいたい。一意対応を前提とする必然性の世界は、言葉で截然と切り分けることができても、関係性の中では「A＝〜A」が成り立つような、（従来の意味で）カオスに半分足を突っ込んだ流動性のある世界では、すべてを二項対立で切り取ること自体、不可能だったのである。言語はカオスに秩序を与える道具なので、秩序を与えた瞬間にカオスはスルリと私たちの手中から逃げていく。だから、（筆者が察するところ）望月は「言葉を尽くしていない」のではなくて、「言葉では尽くせない」ことを、身をもって語っているに違いない。

　こうなると、一見同じ（数学の）言語を話していると思われる仲間たちも、実は互いに意味を理解することができなくなり、バベルの塔の混乱のごとく、反目・対立へと向かう。

　別世界をあえて提案する望月は、まさに「従来の（西欧式の）学問に別れを告げ」、「禁断の果実に手を出し」、自殺行為に挑んでいるわけである。

　必然を拒否し、偶然に目を向けること、あるいは意味の単層性を疑い、その複層性を主張することは、あえて別世界を提案することであり、これまで大前提となっていたパラダイムを壊すことでもある。だから、本章は試論だと冒頭に断わりを述べた。この試論をきっかけとして、壊したパラダイムの向こうに広がる地平を（ささやかにでも）語ることが、筆者の次の仕事だと思っている。

註

1）中沢（2004:43-44）

2）「目配せ」のコミュニケーション（pp. 12-16）を参照のこと

3）疑いを挟んだ瞬間が夢（眠り）から現（目覚め）への転換点であることが多い。

4）エリス（1998）.

5）Nature の訳語となった「自然」は、もともと「じねん」と読まれた言葉であって、「もっぱら副詞や形容詞として使われ…全てが自発的に流れる状態を表現していた…。それは連続するプロセスのようなものなので、決して時空間的に把握されえないし、厳密に言うと名づけられない」。そこでは「あなたと私、人と自然、現実と空想などが自発的に流れていて、ありとあらゆる区別を超越しているのである（河合 2013:20-21）。」

6）ポランニーによれば、（全体⊃部分）は科学的思考であり、（部分⊃全体）は神話的思考である（ポランニー ch.9）。その神話的思考がナラティブの特性でもある。

7）ザデーのファジー理論については、柳瀬（1984:82-100）を参照のこと。

8）いわゆる「発話行為」として解釈されるべき場面である。

9）Grice（1989）の「協調の原理」を参照のこと。

10）鶴見（2001:100）の「ぼかしの論理」。

11）この着地点とは、話し手にとっても聞き手にとっても心地よい落としどころとしての解釈と言ってよいだろう。もっと専門的な言い方をするなら、会話（談話）への参与者としての尊厳（面子）を保つことのできるプロト・フェイスを維持できる解釈である。プロト・フェイスについては、本書 p. 99 を参照のこと。

12）西垣（2018:75）を参照のこと。また、野内（2008:124）には「アリストテレスは存在のレベルでは偶然の存在を認めざるを得なかったが、認識のレベルでは – 学的認識の対象としては – 偶然の存在を断固として拒否（無視）した。またアリストテレスは偶然の原因を「不定」と認定して、それ以上の討究を放棄してしまった」とある。

13）鶴見（2001:63）。

14）南海の帝・儵（しゅく）と北海の帝・忽（こつ）は、自分たちを手厚くもてなしてくれた渾沌の恩に報いるため、渾沌の顔に七孔をあけたところ、渾沌は死んでしまったという故事。目鼻がつくと混沌は混沌でなくなってしまう。『荘子』内篇應帝王篇。　長谷川（2010:72）より引用。

15）たとえば、Robelli（2021:155）は、「確かさを求めるのは人間が犯す最大の過ちの一つ（傍点筆者）」と指摘するが、以下で見るように、それは西欧哲学が陥る「罠」と言った方が適切かも知れない。

16）詳細は、長谷川（2010:74-92）を参照のこと。

17）南方熊楠（1991:308）.

18）加藤（2019:25-26）. 傍点は筆者。

19）『数学者は 宇宙をつなげるか？ abc 予想証明・数奇な物語』．NHK スペシャル
　　2022 04 10 放送より。
20）望月新一「刊行によせて」（加藤（2019:9））。

第8章　結びにかえて

理論化できないこと

　言語、非言語を問わず、記号によるコミュニケーションを説明するために
依拠すべき枠組み、つまりバックボーンをいったん見直すべきであるという
のが、本書第Ⅱ部の結論である。それは「因果関係」という一意的で単純な
必然の世界から、「因縁関係」という多層的で複雑な世界に目を向け直そう
というものである。少なくとも、コミュニケーションに現れる、多様なコン
テクストに依存した言語（記号）活動を説明する試み、つまり語用論的な企
てにおいては、そのような大胆なパラダイムの見直しが必要なのである。し
かし、それは同時に、西欧型の仮説に決別して、理論化することがきわめて
難しい新たな仮説の構築に第一歩を踏み出すことを意味する。

　いみじくも「理論化できないことは物語らなければならない」と言ったの
は、小説「薔薇の名前」を書いた、記号論学者のウンベルト・エーコであっ
た。[1] 必然性を金科玉条とする、これまでのパラダイムを排して、偶然性
を容認する新しいパラダイムの構築を目指す私たちは、いきなり理論化の難
しさに遭遇せざるを得ない。そのとき、まさにエーコの言葉は天啓とも言え
る。仮説は、日常のコミュニケーション活動の背後にあると私たちが考えた
ナラティブと同じである。学問の世界でも、それは空気のような存在である
から、サイレント・ナラティブとも言える。日常レベルとの違いはそれがよ
り壮大なスケールであり、より完成度の高いものでなければならないこと。
いま私たちは、新たな物語（ナラティブ）を紡ぎ始めなければならないので
ある。[2]

　ところが残念ながら、多くの学問の根底には、その経緯から考えれば当然
のことではあるが、西欧の思想が脈々と流れている。新たなナラティブを紡

ぐためには、言葉は悪いが、すっかり「解毒」しなければ、前に進みようがない。歴史学者 Chakrabarty に従うならば、これまでのように無批判に西欧を思想の中核に据えることをやめ、「ヨーロッパを地方化」（Provincialzing Europe）しなければならない。[3] そうしてはじめて、私たちは因果関係を脱し、代わりに因縁関係が自由に語られ、排中律を排する南方熊楠流の議論や、変幻自在に焦点を移動させることまでもが可能になるのである。

　「謎解き」をキーワードにコミュニケーションを語り始めると、そのようなパラダイムシフトの必要性が、はっきりと見えてくる。しかし、それが壮大な企てになることは、どう考えても明らかである。今回の試論を出発点として、その企ての中身はともかく、せめてその方向性を明らかにすることが、今後の筆者に与えられた大きな課題と言える。[4]

再びサイレント・ナラティブ

　本書を執筆中に、結局コロナ禍が終息することはなかった。2020 年初頭に、中国・武漢で最初の事例が報告されたとき、パンデミックは少なくとも 5 年は続くであろうとの予測を耳にしていたので、現状は意外でも何でもない。

　しかし、それよりも衝撃的なことが立て続けに起こった。一つは、2022 年 2 月のロシアによるウクライナ侵攻である。歴史的・政治的な背景に立ち入る余裕も見識も筆者は有しないが、少なくともウクライナのゼレンスキー大統領はユダヤ系で、彼を（ネオ）ナチと呼び、その圧政からウクライナを「解放する」のだ、というプーチン大統領の主張には説得力がない。

　ソビエト連邦の崩壊は、東西冷戦の終結をもたらしたが、それは西側を勝者、東側を敗者とする認識を多くの人たちに植え付けた。プーチン大統領は、その認識に対抗して「強いロシア」を国民にアピールすることで、その支持を獲得してきた。兄弟分とも言えるウクライナが EU 加盟に向けて突き

進むなど、強いロシアを率いる彼にとっては論外であり、よもやそのような事態を迎えたら、面子（本書で言う「プロト・フェイス」）丸潰れである。

　ウクライナ侵攻の背景には、ロシア（あるいはプーチン大統領）の、そういう危機感のあることが誰の目にも透けて見える。しかし、百歩譲って、仮にロシア（プーチン大統領）の主張が正しいとしても、戦争をしかけて、多くの人たちの命、財産、幸福を脅かす権利など、どこにもないはずである。理不尽な不幸を背負わされて、日本にやってくるウクライナの学生、そしてロシアの学生と身近に接していると、言葉にならない怒りと悲しみが込み上げてくる。

　こういう形で顕在化してしまったので、もはやサイレントとは言い難いが、ロシアの行動の背後に読み取れる「強いロシア」というイメージ・言説は、本書で言うナラティブに相違ない。

　もう一つの衝撃は、同じく2022年7月に起こった安倍元首相の襲撃事件である。犯人の動機が徐々に明らかになりつつあるが、母親が傾倒するあまり経済的破綻、そして家庭の崩壊を招いた旧統一教会への怨念があったという。そういうプライベートな強い思いが募ったあげく、「成敗されるべき旧統一教会とそれを支える政治家」というイメージ・言説が犯人の心の中で膨れ上がった。これもまた、事件として顕在化してしまったため、もはやサイレントとは言えないが、本書で言うナラティブにほかならない。ロシアの侵攻と同じく、（本人にとっては強いファクトであったかも知れないが）その虚構（思い込み、妄想）を根拠に、人の命を奪っても構わないという理屈は、どこにもない。ロシアとは違う意味で、やり切れない思いに駆られる。

　サイレント・ナラティブとは、それを通して私たちが世の中を理解するメガネのようなものなので、（サイレントなので）ふだんは気がつかないが、ふと立ち止まって考えると、それがはっきりと見えてくることがある。次

は、2022 年 9 月 17 日の各新聞（朝刊）の第一面の見出しだ。

・入管収容中に死亡　賠償命令（朝日新聞）
・粗悪誌論文 207 本全文盗用（毎日新聞）
・20 年　拉致動かぬまま　日朝首脳会談　（産経新聞）
・中ロ、共同声明出さず　（日経新聞）

　先の安倍元首相襲撃の翌朝は、各紙の見出しが判で押したように同じだったのとは対照的に、こちら（少なくとも大阪版）は見事にバラバラである。朝日新聞は人権問題、毎日新聞はアカデミアの醜聞、産経新聞は拉致問題、日経新聞は国際情勢について、それぞれスポットライトの当てどころ、つまり話題の優先序列が異なる。言うまでもなく、この序列はランダムに行なわれるものではないので、話題の選択行為から各社（の編集者）が何を重視しているかが透けて見えてくる。つまり、どのようなナラティブ（人権・アカデミア・拉致・国際情勢）をベースにニュースを選別しているのかが、よくわかるのである。一紙だけ見ていると気がつかないが、このように新聞の第一面の見出しはサイレントに自己主張をしている。もちろん、サイレント・ナラティブなので、周辺の情報まで含めて記述すること（意味の複層性を含めること）は不可能なこと、そしてその困難さが理論化という企てを難しくしていることを、もう一度指摘して、本書の結びとしたい。

註

1）『薔薇の名前』の原本はイタリア語で書かれており、その扉には "Whereof one cannot theorize, thereof one must narrate" と書かれている。和田（2018:118）も参照のこと。
2）Eco（2011:7）には、「研究成果とは探偵小説であり、自分はそのような姿勢で研究を発表してきた」とある。研究成果の語りを探偵小説に擬えるという不思議な取り合わせは、彼が卒業論文の審査（トリノ大学）において、審査員の一人から受けた好意的な評価に由来するという（和田（2018:121））。研究成果は探偵小説の如く、語ることができるのである。

3）Chakrabarty（2000）. また、この考え方を敷衍して、人間を人間たらしめている
のは「理性や言語である」というイデオロギーまでも疑い始めるならば、「言語
を地方化する」（Provincializing language）ことも可能である。そうすることで、
言語（または記号活動）によるコミュニケーション活動は、人間の専売特許ではな
くなり、人間以外の生き物やモノ・コトまで、その担い手として含めることが可能
になる。詳しくは、Kohn（2013:903 *et passim*）を参照のこと。

4）「ヨーロッパの地方化」や「言語の地方化」とは、近代西欧思想の呪縛を再考し
ようとする試みと言える。言語分析だけの世界にどっぷり浸かっていると、そう
いった思想的背景には、ある意味、無頓着でいられる。しかし、その考え方に矛盾
や限界を感じたとき、哲学であったり、歴史学であったり、人類学であったり、異
なる領域の言説は、きわめて新鮮かつ刺激的である。科学（合理性）万能主義の現
代にあっては、よもや錬金術やアニミズムの時代には戻れないとは言いつつも、領
域を超えた知的交流こそが、失われたバランスを回復する契機になるようにも思
われる。そういう意味で、Berman（1981）の主張する「世界の再魔術化」もまた、
近代西欧思想からの「解毒」に役立つような気がしている。

謝辞

本研究は、2020 年度　関西大学学術研究員研究費によって行なった。

参考文献

Aristotle（2018）. *The Art of Rhetoric*, translated by R. Waterfield, Oxford: Oxford University Press.

Bara, B.G.（2010）. *Cognitive Pragmatics: The Mental Process of Communication*, Cambridge, MA: The MIT Press.

Berman, M.（1981）. *The Reenchantment of the World*, Itacha: Cornell University Press.

Bransford, J.D. and Johnson, M.K.（1973）. Consideration of some problems of comprehension. In W.G. Chase（ed.）*Visual Information Processing*, New York: Academic Press, pp. 383-438.

Brown, P. and S. Levinson（1979）. *Politeness: Some Universals in Language Usage*. Cambridge: Cambridge University Press.

Burnyeat, M.F.（1994）. Aristotle on the logic of persuasion. In Furley, D.J. and Nehamas, A.（eds）.（1994）. *Aristotle's Rhetoric: Philosophical Essays*. Princeton, NJ: Princeton University Press. pp. 3-55.

Chakrabarty, D.（2000）. *Provincializing Europe: Postcolonial Thought and Historical Difference*. Princeton, NJ: Prinston University Press.

Chomsky, N.（1986）. *Knowledge of Language: Its Nature, Origin, and Use*. New York: Praeger.

Eco, U.（2011）. *Confessions of a Young Novelist*, Cambridge, Mass: Cambridge University Press.

Furley, D. J. and Nehamas, A.（eds.）（1994）. *Aristotle's Rhetoric: Philosophical Essays*, Princeton, NJ: Princeton University Press.

Ginsberg, M. L.（ed.）（1987）. *Readings in Nonmonotonic Reasoning*. Los Altos, California : Morgan Kaufmann Publishers.

Grice, H.P.（1989）. *Study in the Way of Words*, Cambridge, M.A.: Harvard University Press.

Grundy, P.（1995）, *Doing Pragmatics*. London; Edward Arnold

Harari, Y. N.（2015）. *Sapiens: A Brief History of Humankind*. New York: Harper.

Jaynes, J.（1976）. *The Origin of Consciousness in the Break-down of the Bicameral Mind*. New York: Mariner Books.

Kahneman, D. and Tversky, A.（1972）. Subjective probability: a judgement of representativeness. In *Cognitive Psychology 3*, pp. 430-454.

Kahneman, D.（2011）. *Thinking, Fast and Slow*, London: Penguin Books.

Kohn, Eduardo.（2013）. *How Forests Think: Toward an Anthropology beyond the Human*. Berkley: University of California Press.

Langacker, R.（1991）. *Foundations of Cognitive Grammar, Vol. 2*, Stanford:

Stanford University Press.

Levine, T.R. (2020). *Duped: Truth-default Theory and the Social Science of Lying and Deception*, Tuscaloosa: The University of Alabama Press.

Levinson, S.C. (2000). *Presumptive Meanings: The Theory of Generalized Conversational Implicature*. Cambridge: Cambridge University Press.

MacGregor, N. (2018). *Living with the Gods: On Beliefs and People.* Penguin Books.

Madden, E.H. (1952). The enthymeme: crossroads of logic, rhetoric, and metaphysics. In *The Philosophical Review, vol. 61*, pp. 368-376.

Meyer, E. (2016). *The Culture Map: Decoding How People Think, Lead, and Get Things Done Across Cultures*. New York: Public Affairs.

Robelli (2021). *Helgoland: Making Sense of the Quantum Revolution.* New York: Riverhead Books.

Saul, J.M. (2012). *Lying, Misleading, and What is Said.* Clarendon: Oxford University Press.

Sperber, D and Wilson. D (1981). Irony and the use-mention distinction. In Coles (ed.) (1981). *Radical Pragmatics*, New York: Academic Press. pp. 295-318.

Sperber, D. and Wilson, D. (1986/95). *Relevance: Communication and Cognition*, Oxford: Blackwell Publishers.

Steel, C. M. (2010). *Whistling Vivaldi: And Other Clues to How Stereotypes Affect Us.* New York: W.W. Norton & Company.

Thomas, J. (1995). *Meaning in Interaction: An Introduction to Pragmatics.* London: Longman.

Tversky, A. and Kahneman, D. (1974). Judgement under uncertainty: heuristics and biases. In *Science*, Vol. 185, No. 4157, pp. 1124-1131.

Wilson, D. and Sperber, D. (1994). Outline of relevance theory. In *Links & Letters 1*, pp. 85-106.

Wolf, M. (2018). *Reader, Come Home: The Reading Brain in a Digital World*, New York: Harper Collins.

池上嘉彦 (1982). 言語学における「慣習」と「革新」、月刊『言語』、Vol. 11, No. 4, pp. 40-47.

石川 創 (2011). 『クジラは海の資源か神獣か』. 東京：NHK 出版.

市川伸一 (1997). 『考えることの科学：推論の認知心理学への招待』. 中公新書.

今井邦彦 (編) (1986). 『チョムスキー小事典』. 東京：大修館.

加藤文元 (2019). 『宇宙と宇宙をつなぐ数学』：IUT 理論の衝撃. 東京：角川書店.

河合隼雄 (2013). 『日本人の心を解く―夢・神話・物語の深層へ―』. 岩波現代全書.

川崎 謙 (2005). 『神と自然の科学史』. 東京：講談社.

木田 元 (2000). 『反哲学史』. 講談社学術文庫.

木田 元 (2007). 『反哲学入門』. 東京：新潮社.

小島孝夫 (編) (2009). 『クジラと日本人の物語―沿岸捕鯨再考―』. 東京：東京書店.

小松正之 (2005). 『よくわかるクジラ論争』. 東京：成山堂書店.

小松正之 (2010). 『世界クジラ戦争』. 東京：PHP 研究所.

小松正之 (2011). 『日本の鯨食文化―世界に誇るべき "究極の創意工夫"』. 祥伝社新書.

嶋 浩一郎、松井 剛 (2017). 『欲望する「ことば」：「社会記号」とマーケティング』. 集英社新書.

千野帽子 (2017). 『人はなぜ物語を求めるのか』. ちくまプリマー新書.

鶴見和子 (2001). 『南方熊楠・萃点の思想：未来のパラダイム転換に向けて』. 東京：藤原書店.

中沢新一 (2004). 『対称性人類学』. 講談社選書メチエ.

中村 元 (1962). 『東洋人の思惟方法 3』(中村元選集第 3 巻). 東京：春秋社.

西垣 通 (1995). 『思考機械：太古と未来をつなぐ知』. ちくま学芸文庫.

西垣 通 (2018). AI 原論：神の支配と人間の自由. 講談社新書メチエ.

西村克彦 (2005). 『わかったつもり―読解力がつかない本当の原因―』. 東京：光文社.

野内良三 (2008). 『偶然を生きる思想―「日本の美」と「西洋の理」―』. 東京：日本放送出版協会.

長谷川三千代 (1986). 『からごころ：日本精神の逆説』. 中公叢書.

長谷川三千子 (2010). 『日本語の哲学へ』. ちくま新書.

松岡正剛 (2009). 『多読術』. ちくまプリマー選書.

南方熊楠 (1991). 『南方熊楠・土宜法竜往復書簡』. 東京：八坂書房.

柳瀬睦男 (1984). 『現代物理学と新しい世界像』. 岩波現代選書.

山本英一 (2002). 『「順序づけ」と「なぞり」の意味論・語用論』. 大阪：関西大学出版部.

山本英一 (2019). 『ウソと欺瞞のレトリック～ポスト・トゥルース時代の語用論～』. 大阪：関西大学出版部.

山本英一 (2020). 発話解釈におけるアブダクション～忘れられた推論様式について～. 『英語表現研究』(日本英語表現学会) 第 37 号，21-38.

米盛裕二 (2007). 『アブダクション：仮説と発見の論理』. 東京：勁草書房.

和田忠彦 (2018). 『NHK 100 分で名著　ウンベルト・エーコ』. 東京：NHK 出版.

アリストテレス (1992). 『弁論術』(戸塚七郎訳). 東京：岩波書店.

エーコ，ウンベルト (2013). 『記号論』(池上嘉彦 (訳)). 講談社学術文庫.

エリス、ジーン・A（1998）.『オーストラリア・アボリジニの伝説：ドリームタイ
　　ム』（森秀樹 監修、国分寺翻訳研究会 訳）. 東京：大修館書店.

ドブレ、レジス（2001）.『一般メディオロジー講義』（西垣通（監修）、嶋崎正樹
　　（訳））. 東京：NTT 出版.

ブラック．R. S（1992）.『プラトン入門』（内山勝利訳）. 東京：岩波書店.

ポランニー、マイケル（2003）.『暗黙知の次元』（高橋勇夫訳）. ちくま学芸文庫.

ミアシャイマー、ジョン（2017）.『なぜリーダーはウソをつくのか：国際政治で
　　使われる 5 つの「戦略的なウソ」』（奥山真司訳）. 中公文庫.

ライアン、マリー＝ロール（2006）.『可能世界・人工知能・物語理論』（岩松正洋
　　訳）. 東京：水声社.

索　引

あ　行

I-言語　111, 113
I-推意　41
曖昧模糊　78, 80, 104, 109
アイロニー　9, 10, 11, 12, 13, 15
アナグラム　66
アナログの私　68
アブダクション　6, 16, 23, 28, 29, 30, 31, 32, 33, 37, 38, 39, 41, 43, 44, 45, 52, 54, 55, 56, 60, 61, 62, 69, 75, 123, 140, 142, 157
アボリジニー　127
アリストテレス　35, 38, 43, 45, 52, 115, 126, 127, 129, 131, 144, 146, 157
E-言語　111
一意対応　21, 57, 65, 66, 107, 109, 131, 142, 144, 145
一意的　57, 107, 149
一般的特徴　45
イデア　113, 114, 115, 123
イデオロギー　84, 85, 110, 122, 152
意味の圧縮　125, 126
依頼　94, 96, 98, 104
因果関係　16, 29, 39, 55, 107, 149, 150
因果律　130, 131, 134, 141, 142
因縁　130, 134, 149, 150
ウクライナ侵攻　150, 151
受身　100
宇宙　99, 127, 140, 142, 143, 144, 147, 156

噂　48, 49
エーコ　8, 9, 12, 15, 18, 61, 62, 63, 149, 157
エースコック　86
ABC予想　142, 143, 147
M-推意　41, 42
FTA　94, 95, 96, 103
演繹的推論　31, 43, 53, 114, 115
演繹法　31, 32, 33, 44, 45, 115, 116, 117, 118, 119, 142
エンテュメーマ　23, 33, 35, 36, 37, 38, 39, 41, 43, 45
オートパイロット　44

か　行

外国崇拝　123
概念メタファー　65
カオス　114, 131, 132, 133, 134, 145
科学的思考　127, 146
科学的発見　30, 53
仮説　29, 30, 31, 33, 37, 40, 43, 52, 53, 63, 75, 130, 149, 157
仮説的推論　52, 62, 63
価値観　4, 79, 80, 84, 90, 91, 103, 122, 144
神　51, 113, 114, 115, 120, 121, 122, 123, 135, 136
関係性　6, 26, 52, 135, 139, 140, 145
感情　19, 48, 64, 98
間テクスト的アイロニー　9, 12, 13
関連性　44, 91, 115, 117
関連性理論　31, 43, 115, 116
幾何学　48, 114

記号　　6, 19, 21, 61, 62, 63, 65, 77, 107, 123, 141, 149
記号行為　　139, 140
記号論　　42, 61, 107, 149
起承転結　　65, 67, 69, 80, 91, 109
帰属先のあるアイデア　　12, 13
（帰属するアイデア　　13, 16）
Q-推意　　45
共感　　9, 13, 16, 19, 23, 35, 51, 128
協調の原理　　26, 43, 146
共犯関係　　8, 9, 13, 16
共有情報　　28, 32, 37, 38, 45
虚構　　47, 66, 69, 70, 77, 122, 125, 144, 151
虚構性　　77
空間化　　28
偶然　　132, 134, 135, 141, 145, 146
偶然性　　114, 131, 134, 142, 144, 149
鯨　　84, 85, 86
（捕鯨　　84, 85, 86, 92, 157）
形式論理　　30, 31, 44, 53, 54
外科医のジレンマ　　71
結論　　30, 31, 32, 33, 34, 35, 36, 37, 53, 54, 82, 114, 116, 118, 123, 149
言外の意味　　18, 23, 26, 27, 32, 44, 60
言及　　10, 12
言語運用　　110, 111
言語記号論　　122
言語の地方化　　153
言語能力　　110, 111
コード・モデル　　115, 118, 119, 142
後件肯定の錯誤　　30, 33, 43, 53, 54
高等詐欺　　122
公理　　26, 27, 28, 29, 43
合理的推論　　114, 115
五感　　111, 112, 113, 114, 119, 120
こぶた　　86, 87, 92

コギャル　　88
コスモス　　114
個別思考　　98
個別の事例　　40, 45
根源的フェイス　　99
（プロト・フェイス　　13, 99, 101, 102, 146, 150）
語用論　　6, 23, 37, 42, 120, 149, 157
混沌　　114, 133, 146

さ　行

サイレント・ナラティブ　　5, 6, 75, 77-92, 104, 109, 150, 151
三段論法　　33, 34, 36, 37
ジェフリー・アーチャー　　76
地口　　66
自己欺瞞　　121, 142
システム1, 64
システム2, 64
自尊心　　98, 99, 101
質　　26
実在　　110, 111, 112, 113, 114, 120, 121, 122, 125
シナリオ　　39, 40, 42, 43, 70, 90, 109
社会記号　　88, 90, 157
社会的構築物　　75
邪悪　　80, 81
斜格　　100
しゃれ　　66
思惟方法　　121, 157
主格　　100
集団イマジネーション　　47
使用　　10
小前提　　31, 32, 33, 34, 35, 36, 37, 38, 45
宗教　　49, 67, 83, 87, 89, 91, 125
宗教的ドグマ　　83, 86, 87

熟慮型アブダクション　　39, 45
首尾一貫した　　47, 49, 67, 78, 79
首尾一貫性　　59
照応　　61, 62
象徴（する）　　6, 22, 49, 50, 51, 60,
　　61, 62, 63, 80, 81, 86, 96, 112, 125,
　　127
象徴的思考　　51
ショートカット　　60
真言密教　　130
真理　　125, 130, 132, 133, 134, 139
真理デフォールト　　44
神話　　49, 51, 126
神話的思考　　127, 146
推意　　23, 25, 26, 28, 31, 32, 41, 43,
　　44, 45, 53, 55, 104, 117
萃点　　134, 135, 139, 140, 141
推論プロセス　　39, 41, 61
スキーマ　　88, 89, 90
スキリプト　　90, 125
スティグマ　　88, 89, 90
図形　　114
図式　　29, 66, 67, 76, 90, 117, 125
西欧思想　　113, 120, 122, 144, 153
整合化　　68, 69
生得的　　111, 114
世界観　　48, 80, 90, 91, 141
世界の再魔術化　　153
前景　　91, 98
全体　　67, 80, 90, 98, 99, 127, 136,
　　137, 138, 146
全体的思考　　99
想像上のリアリティ　　75
想像力　　23, 24, 49, 112
遡及推論　　44
即時性　　23, 38, 39, 41
尊厳　　98, 99, 101, 114, 146

た　行

大前提　　31, 32, 33, 34, 35, 36, 37, 38,
　　44, 122, 144, 145
代表性ヒューリスティック　　39, 41,
　　45
多義的（多義性）　　6, 21, 35, 66
喩え　　51
単層性　　6, 21, 115, 119, 125, 145
単調論理　　123
談話　　12, 75, 38, 75, 91, 109, 146
秩序　　39, 112, 114, 118, 120, 123,
　　133
注文の多い料理店　　72, 73
超自然学　　72
超自然的原理　　112, 114, 120, 121,
　　122, 133
直示　　50, 61, 62
直感型アブダクション　　39, 45
直感的　　39, 40, 43, 128
チョムスキー　　110, 111, 113, 115,
　　120
通信モデル　　119
通信理論　　21
強い推意　　91
デカルト　　113, 115, 119, 120, 123
テクスト内アイロニー　　9
デフォールト推論　　44, 53, 123
取消可能性　　44, 45
どんでん返し　　76, 78

な　行

謎解き　　5, 6, 7, 16, 17, 24, 33, 39, 45,
　　55, 57, 59, 61, 63, 64, 107, 131, 134,
　　150
ナラティブ　　13, 14, 15, 48, 49, 51,

52, 65, 67, 69, 70, 71, 72, 78, 75, 77,
79, 80, 81, 83, 84, 85, 86, 87, 88, 89,
90, 91, 93, 95, 97, 99, 101, 102, 103,
104, 109, 126, 130, 135, 138, 139,
141, 146, 149, 150, 151, 152
ナンセンス　66
ニーチェ　121, 122, 123
二者択一　128, 129, 130, 133, 142
二重のコード化　6, 10
二重コード　16, 19, 20
人間機械　115, 119
ネガティブ・フェイス　93, 94, 95,
96, 97, 99, 100, 101
ネガティブ・ポライトネス　6, 98
粘菌　128, 130, 134

は　行

バイアス　71
背景知識　24, 25, 34
発話行為　104, 146
抜粋　68, 69
バベルの塔　144, 145
パリメニデス　136, 139
反復的言及　9, 10
非合理的推論　115
非単調論理　123
ヒューリスティック　23, 39, 40, 41,
42, 43, 45, 52, 63, 64, 65
ファジー理論　128, 146
フィクション　43, 47-76, 77, 110,
111, 125
複層性　6, 21, 125, 145, 152
膨らませ推意　41
舞台　143
符牒　58, 97
仏教　87, 130, 134
部分　127, 146

普遍的　112, 113, 114
普遍文法　113
プラトン　113, 114, 122, 123, 131,
135
フラッシュ・フィクション　43
プロト・フェイス　13, 99, 101, 102,
146, 150
プロト・ポライトネス　6
プロパガンダ　83, 84, 86
分化　138, 139
文学性　77, 77
屁理屈　55, 129
編集　22
弁論術　35, 38, 39, 41, 43, 45
報酬　115
法則　114, 130
ぼかしの論理　128, 133, 146
捕鯨　84, 85, 86, 92, 157
ポジティブ・フェイス　93, 94, 96,
99
ポジティブ・ポライトネス　96
ほのめかし　9, 10, 12

ま　行

松本清張　16, 18, 22
曼荼羅　134, 139, 140, 141
万葉集　19, 22
南方熊楠　128, 130, 134, 140, 146,
150, 157
宮沢賢治　72
無意識　25, 29, 52, 54
矛盾律　52, 127, 144
命題　65, 81, 82, 112, 127
命令　96, 104
目配せ　6, 9, 12, 13, 15, 16, 18, 19,
21
メタファー　66, 67, 119

メタファーの私　68, 69
メンタル・モデル　44
面子　93, 97, 98, 99, 103, 104, 146, 150
申し出　95, 104
文字どおりの意味　23, 26, 28, 44, 58
物語　5, 12, 16, 43, 48, 49, 51, 65, 70, 75, 78, 81, 90, 91, 109, 127
物語化　68, 69
物語性　77

や　行

ヨーロッパの地方化　153
様式推意　41
様態　26
弱い推意　91, 117

ら　行

ライオンマン　50, 51
理性　46, 109, 111, 116, 119, 148
理由律　126
ラベリング　88, 90
流動性　6, 52, 69, 91, 109, 125, 145
量　24, 25, 26
利用可能性ヒューリスティック　40, 42, 45
レトリック　23, 38, 45, 55, 111
労力　115, 116, 117

初出一覧

　以下は、本書執筆にあたり、一部その原典となった論文である。いずれも、構成の変更、加筆、修正を加えている。

・「形式主義と言語研究」『近畿大学教養部紀要』第 19 巻　第 1 号，（1988），pp. 63-74.

・「言語研究の底を流れる思想を考える―推論様式を手掛かりとして」『外国語教育研究』（関西大学外国語教育研究機構紀要）第 16 号，（2008），pp. 47-61.

・「アブダクション、ヒューリスティック、そしてエンテュメーマ～推意の説明に貢献する 3 つのキーワード」*The JASEC Bulletin*（『日本英語コミュニケーション学会紀要』）第 26 巻 1 号，（2017），pp. 37-52.

著者略歴

山本　英一（やまもと　えいいち）

1957 年　岡山市生まれ。

1980 年　大阪外国語大学英語学科卒業。

1982 年　大阪外国語大学大学院外国語学研究科修士課程（英語学専攻）修了。
　　　　　文学修士。

2003 年　関西大学　博士（文学）。

1982 年　近畿大学　助手。

1985 年　近畿大学　専任講師。

1991 年　近畿大学　助教授。

1994 年　関西大学　助教授。

1998 年　関西大学　教授。

現在、関西大学　国際部　教授。

専門は英語学（意味論・語用論）。

2014 年〜 2017 年　日本語用論学会副会長。

2014 年〜 2021 年　日本英語コミュニケーション学会副会長。

2021 年〜　　　　　日本英語コミュニケーション学会会長（現在に至る）。

2018 年〜 2022 年　日本英語表現学会副会長。

謎解きとコミュニケーション
〜語用論から西欧の知を考える〜

2023年 3 月31日発行

著　者　山　本　英　一

発行所　関　西　大　学　出　版　部
　　　　〒564-8680　大阪府吹田市山手町3-3-35
　　　　電話 06-6368-1121 ／ FAX 06-6389-5162

印刷所　協　和　印　刷　株　式　会　社
　　　　〒615-0052　京都市右京区西院清水町13

ⓒ2023　Eiichi YAMAMOTO　　　　　Printed in Japan

ISBN 978-4-87354-764-0　C3082　　　落丁・乱丁はお取り替えいたします